INTRODUCTION,

AVIS, PREFACE,

Ou tout ce qu'on voudra.

En 1774 *il parut une petite Brochure intitulée* Remarques Hiſtoriques & Anecdotes ſur le Château de la Baſtille, *ſans nom d'auteur ni d'imprimeur (comme on le croira ſans peine.) Ce livre trop peu connu renferme des détails fort exaɛts ſur la topographie & le régime de ce ſéjour infer-nal* (1), *monument le plus odieux du deſpotisme des Souverains. Mais l'auteur s'étant renfermé dans des bornes trop étroites, ſoit qu'il n'eût pas été plus inſtruit, ſoit qu'il n'ait pas jugé à propos de révéler tout ce qui concerne cette* Priſon Royale, *nous croyons que des détails un peu plus étendus feront plaiſir à ceux qu'affligent les maux produits par le manége des Miniſtres, les intrigues des Cours, & les ridicules tracaſſeries auxquelles les peuples aveuglés donnent le nom impoſant d'affai-res d'Etat.*

Depuis que la liberté des François a reçu, pour ainſi dire, le coup de la mort ſous les dernieres années

---

(1) Si le Leɛteur étonné trouve l'épithete un peu forte, nous ſommes ſurs qu'il la trouvera fort modeſte après la leɛture de cet ouvrage.

années du régne de Louis XV, le Despotisme, ce fléau du genre humain, semble s'être affermi en frappant sur tous les ordres, & en rendant la terreur générale. L'espionnage & la délation, moyens presque toujours surs de parvenir, ont jetté la défiance & l'aliénation dans la plûpart des esprits. Le philosophe se tait, ou s'éxile de lui-même, & le peuple courbé sous le poids de sa chaîne, acquiert peu à peu une froide insensibilité, qui lui ôte bientôt tout ce que la nature peut avoir donné d'énergie à l'espece humaine.

A la vérité la France semble reprendre une nouvelle face depuis l'avénement de Louis XVI à ce beau trône de l'Europe. Les vengeances arbitraires deviennent un peu moins fréquentes (2). Les Ministres, les gens en place n'osent plus abuser du pouvoir avec autant d'effronterie: mais qu'on est loin encore d'y jouïr de cette liberté précieuse qui, sans empiéter sur les loix, donne à l'homme sensible & confiant le droit de s'exprimer sur les maux de sa patrie & sur les fautes du gouvernement !

De tous les épouvantails que la tyrannie a imaginés, le plus redoutable sans doute pour les individus que le hasard a fait naitre français, c'est la BASTILLE. Il est plus sûr, dit-on, dans Paris, de s'en-taire que d'en-parler: cet axiome de la Capitale n'a pas besoin de démonstration; on sait ce qu'il en a couté à un grand nombre d'écrivains

tant

____

(2) Il faut convenir cependant que l'exemple récent de M. *Linguet* n'est pas propre à donner une grande idée de la modération du ministere actuel.

REMARQUES HISTORIQUES SUR LA BASTILLE.

Nouvelle Edition, augmentée d'un grand nombre d'anecdotes intéressantes & peu connues.

Dans cet affreux Château, Palais de la vengeance,
On renferme souvent le crime & l'innocence.

A LONDRES,

M DCC LXXXIII.

tant du siécle dernier que de celui-ci : mais si c'est
le plus sûr, ce n'est ni le plus honorable pour la
génération présente, ni le plus avantageux pour
la postérité ; d'ailleurs depuis les progrès de l'esprit
philosophique, l'humanité commence à oser élever
sa voix, les Princes semblent s'accoutumer à l'entendre, & rougiroient aujourd'hui d'employer les
moyens honteux qui ont terni la gloire de leurs pré-
décesseurs. Des Remarques sur la Bastille, &
quelques révélations d'anecdotes, intéressantes par
leur liaison avec l'histoire nationale, ne peuvent
que produire un très grand bien dans les circonstances actuelles ; & les réflexions séveres, mais
vraies, qui les accompagneront, prouveront mieux
le mâle courage d'un ami de la patrie, que la basse
adulation du stile académique.

Sous le dernier régne que la faiblesse, l'incon-
séquence & les contradictions caractérisent, les
Ministres ont érigé le despotisme en loi. Les lettres de cachet, les vexations de tout genre ont
été leurs moyens favoris ; les droits-mêmes de la
nature n'ont pas été sacrés pour eux : & plongés
dans l'affreux oubli de toutes les loix, les hommes les plus vertueux ont été leurs victimes. Les
repaires odieux de la Bastille ont été remplis ; &
qui sait combien d'infortunés gémissent encore dans
la cruelle certitude de n'être jamais délivrés, parce que leur présence, dévoilant mille secrets ignorés,
couvriroit d'une trop forte confusion bien des êtres
fastueux que le préjugé veut que l'on respecte.

ô Vous, Sauvages, que les voyageurs Euro-
péens ont tant calomniés : vous brulez, il est vrai,
vous mangez quelque-fois vos ennemis après les
avoir massacrés d'une main sanguinaire ; mais au
moins chez vous les motifs de la vengeance ne sont

pas

pas fondés sur des chimeres. Un ruban rouge ou bleu vainement demandé, une croix émaillée non obtenue, un regard du maître plus ou moins favorable, & autres frivolités de cette espece, n'engendrent point chez vous ces haines de famille, ces jalousies, ces inimitiés implacables qui produisent tant de crimes en Europe. —— Vous n'avez point, il est vrai, de loix longuement écrites, de code rédigé par des bavards érudits: mais aussi vous n'avez point de noirs suppots de Thémis; vos yeux ne sont point blessés par l'aspect odieux d'un Exempt de Police: en un mot, Peuplades heureuses, vous n'avez point de BASTILLE. Jamais chez vous un Ministre vil & fier tout à la fois, bas & puissant, tourmenté de mille petites passions sous les dehors de la grandeur, n'a mis entre quatre murs l'habitant libre des montagnes, pour avoir dit quelques vérités utiles, ou pour être coupable de posséder une femme intrigante & jolie.

Dans un siecle tel que le nôtre, où les lumieres ont chassé les restes de l'ancienne barbarie, où les limites de l'autorité civile sont hautement discutées, où le pouvoir despotique & ridicule du sacerdoce connoit enfin des bornes prescrites, ce seroit sans doute bien mériter de ses concitoyens que de dévoiler à leurs yeux les intrigues sécretes, les manœuvres des hommes puissans qui ont une influence si marquée sur le bonheur & la sureté des individus: mais ce plan trop vaste n'est pas maintenant nôtre objet. Peut-être fera-t'il un jour la matiere d'un Ouvrage plus étendu, auquel la Philosophie, guidée par la raison & la vérité, pourra donner le titre d'Histoire des grandes scélératesses humaines commises sous le sçeau de l'autorité publique, (& assurément l'Histoire de nos temps four-

fourniroit plus d'un volume.) *Aujourd'hui nous nous en tiendrons à ce qui concerne seulement la* Baftille. *La defcription de ce Château, fon régime, & quelques notices fur d'illuftres malheureux qui ont paffé de triftes heures dans ce féjour, feront bien capables d'enchainer la curiofité des* Leɛteurs.

Ce qu'en ont dit dans leurs ouvrages Madame de Staal, M. de Gourville, Made. de la Riviere, M. de Buffi-Rabutin &c. eft en général très peu fatisfaifant, & ne donne point une idée vraie de ce que la Baftille *a été depuis eux. Les Mémoires de M. Linguet, pleins, comme tous fes ouvrages, d'un égoïsme perpétuel & fouvent infupportable, ne rempliffent point encore l'attente du public fur ce fujet, quoique écrits avec la chaleur particuliere à cet homme célebre: mais ces Mémoires euffent été à plus jufte titre intitulés Mémoires fur la détention de* M. Linguet, *que Mémoires fur la* Baftille; *& quelque intéreffant que foit par lui-même cet Ecrivain, il importe moins aux hommes d'étre inftruits des malheurs particuliers qu'il a effuyés, que de connoitre l'hiftoire détaillée de la Baftille-même, vainement annoncée par le titre.*

Puiffe le jeune Monarque, qui gouverne aujourd'hui la France avec tant de gloire, anéantir pour jamais ces cachots affreux où la vertu, l'innocence & la franchife ont gémi tant de fois! Puiffe ce Souverain Augufte, qui vient de donner la paix aux deux mondes, procurer le bonheur de fes propres fujets, en veillant fur les démarches de fes Miniftres, en les empéchant de faire fervir à leur vengeance particuliere le pouvoir qu'il eft obligé de leur confier! De mille infortunés qui ont maudit, à la Bastille, leur existence & le gouvernement qui les vit naître, il en est au moins les trois-quarts dont la détention fut l'ouvrage secret d'un homme en place. Combien peut-être encore, dans les soupirs amers qu'ils exhalent, s'en prennent vainement au Monarque bienfaisant & sage, aux yeux duquel d'illustres fripons les ont noircis ?

REMARQUES

HISTORIQUES

ET ANECDOTES SUR LA

BASTILLE.

DE tous les fupplices imaginés par les hommes pour tourmenter leurs femblables, la *Prifon*, furtout quand elle eft prolongée, eft peut-être le plus rigoureux & le plus infupportable. La perte de la liberté, l'incertitude de fon fort, la vue continuelle d'objets hideux, & les mauvais traitemens multipliés d'êtres féroces qui fe font un jeu barbare d'aggraver les peines des malheureux, font des tourmens beaucoup plus fenfibles qu'on ne le peut croire, & dont l'expérience feule peut donner une idée vraie. Tel eft cependant le moindre des maux que l'on fouffre à la *Baftille*.

Le mépris de toutes les loix humaines y femble affecté. A la détention la plus févere, aux précautions les plus minutieufes & les plus humiliantes, on y joint la léfine la plus dégoutante dans le régime, l'hypocrifie la plus noire dans les offres de fervice, la duplicité la plus maligne dans l'art de tendre des piéges, l'indifférence la plus impardonnable pour les maladies qu'engendre l'air infecté de ce repaire, l'ironie même la plus amere envers des plaintes long-temps étouffées par la crainte; enfin tout ce que l'on peut concevoir de défolant pour le cœur humain eft raffemblé, pour le fupplice des hommes fouvent les moins coupables, dans ces fameufes tours que l'efféminé Parifien contemple d'un œil ftupide à l'extrémité de fa Capitale.

A 5

Ce

Ce Château, non moins redouté des étrangers que des Français, n'étoit dans le principe que l'entrée de Paris du coté du faubourg Saint Antoine. Il ne confiftoit que dans deux tours affez élévées, flanquées de deux murs prolongés aux deux cotés, & au milieu une porte étroite, dans le goût gothique, par laquelle on entroit dans la ville qui n'étoit rien moins que belle dans ce temps-là.

Hugues d'Aubriot, né à Dijon en Bourgogne, de parens obfcurs, mais qui par la faveur de quelques grands, & un mérite réel, trouva moyen de s'avancer, fous le règne de Charles-Cinq, devint Prévôt de Paris & fut chargé de la conduite de la nouvelle enceinte & des fortifications que le Roi voulut faire conftruire pour la fureté de la ville. Ce fut lui qui en donna le deffein, & qui pofa la premiere pierre de ce Château, ou plutôt alors de cette Porte, le 22 *Avril* 1359.

Ce fondateur de la Baftille, qui ne prévoyoit guere fans doute l'ufage que l'on feroit dans la fuite de cet édifice, en éleva beaucoup d'autres pour l'embelliffement & la commodité de Paris. C'eft lui qui fit bâtir le Pont au Change, anciennement appellé *Grand-Pont*, les murs de la porte Saint Antoine le long de la Seine pour retenir la riviere dans les débordemens, ainfi que le *Petit Châtelet* qui fut conftruit dans le deffein de réprimer les excès des Etudians de l'Univerfité.

Ce même Aubriot, dont l'Hiftoire mérite d'être connue, fut le premier inventeur des canaux fouterrains pour l'écoulement des immondices & des eaux. Le Clergé, jaloux dans tous les temps & perfécuteur du vrai mérite, conjura fa perte. Les fuppots de l'Univerfité, dont ce Magiftrat avoit voulu arrêter la licence, fe joignirent aux Prêtres; ils employerent contre lui des armes auxquelles les peuples ignorans ne favoient point encore réfifter. Ils l'accuferent d'impiété & d'héréfie. Les partifans de la Maifon d'Orléans, ennemie alors de celle de Bourgogne à laquelle Aubriot devoit fon élévation, fe joignirent aux fanatiques qui le perfécuſécutoient. On ſurprit un ordre de la Cour, & il fut enfermé à la Baſtille-même qu'il venoit de bâtir; quelques mois après on le transféra dans les priſons de l'Evêché que l'on nommoit *Oubliettes*: nom bien connu en France, & qui exprime aſſez le genre de ſupplice deſtiné à l'infortuné qui y entroit pour n'en plus ſortir.

On voit encore de ces *Oubliettes* au Château de Loches en Touraine, au Château d'Angers, au Pleſ-ſis-les-Tours, demeure du fanatique & cruel Louis XI, & ſurtout dans un ancien Château du Cardinal de Richelieu en Poitou. Ce dernier avoit encore renchéri ſur les barbares précautions de ſes prédé-ceſſeurs. Les *Oubliettes* qu'il faiſoit conſtruire étoient des puits à pluſieurs chambres dont quel-ques unes étoient remplies d'eau, & par le moyen deſquelles on inondoit facilement les autres, lorſ-que des vengeances particulieres, voilées ſous le prétexte du *bien de l'Etat*, l'exigeoient. Quant aux *Oubliettes* garnies de moulins à raſoirs, qui cou-poient en piéces les priſonniers qu'on y faiſoit tom-ber, par le moyen d'une baſcule à ſecret, il eſt probable que c'eſt une fable, malgré le témoignage de la populace de *Blois* qui prétend qu'il y en a eu jadis dans les caves du château de cette ville.

A force d'intrigues, les ennemis en ſoutane du Prévot d'Aubriot parvinrent à le faire condamner à une priſon perpétuelle, & à être eux-mêmes ſes Geoliers. Mais dans l'année 1381, au commence-ment du règne de Charles-Six, le peuple de Paris ſe ſouleva contre les impôts exceſſifs que le mal-heureux état de la France rendoit alors preſque indiſpenſables. Les ſéditieux s'armerent, & con-duits par le nommé *Caboche* écorcheur, ils force-rent les portes de l'Hotel de ville, pour s'emparer des armes qui y étoient en dépôt & les donner à ceux qui en manquoient; ils y enleverent deux ou trois mille maillets de fer, ce qui leur fit donner le nom biſare de *Maillotins*; ils commirent mille excès dans Paris, ſe vengerent d'une partie des Traitans qui étoient cauſe ſelon eux de la cherté

du

du pain; ils n'épargnerent pas même les Prêtres &
les Couvens, qui dans la misere publique regor-
geoient de richesses; enfin ils briserent les prisons
& en firent sortir Aubriot qu'ils choisirent pour leur
Chef, le forçant malgré lui à se mettre à leur tête.

Aubriot profita de cet événement inattendu pour
recouvrer sa liberté sur laquelle il ne comptoit plus.
Il se retira secretement une nuit, passa la Seine, &
s'enfuit en Bourgogne où il acheva tranquillement
le reste de ses jours, inconnu à ses persécuteurs.
Tel fut le sort du Fondateur de la *Bastille*.

Les deux tours, en quoi consistoit alors tout ce
Château, servoient de défense contre les attaques
des Anglais. Pour fortifier encore cet endroit, le
plus fréquemment exposé aux insultes des ennemis, on éleva deux autres tours de retraite, en
face & parallelles aux premieres. L'entrée de Paris
fut ainsi prolongée entre quatre tours désunies &
un double pont. L'artillerie à feu n'étoit point
alors en usage; le terrain se défendoit pied à pied,
& quand un pont étoit perdu, ou les deux premieres tours prises, on se retiroit derriere le second
où le combat recommençoit d'homme à homme.
Les restes du premier pont subsistent encore.

Cet édifice ne fut achévé entierement que sous le
règne de Charles VI en 1383. On y ajouta quatre
nouvelles tours à distances égales, & de même dimension que les quatre autres; on les joignit par
des murs très forts & très épais, dans l'intérieur
desquels on pratiqua des appartemens entre les
tours. Alors la Voie publique fut tracée en dehors
de ce Château, telle qu'elle est encore aujourd'hui.
La *Bastille* ne fut plus une Porte, mais une forte-
resse formidable à l'entrée de Paris. On coupa les
ponts; un fossé sec de vingt-cinq pieds de profon-
deur au dessous du niveau de la rue entoura les
huit tours, & l'on forma une enceinte de grosses
pierres de taille de l'autre coté du fossé.

Ce Château, dominant sur toute la plaine d'alen-
tour, sur le faubourg Saint-Antoine, sur le rivage
de la Seine, & sur la principale entrée de Paris,
étoit

étoit naturellement deftiné à en raffurer les habitans contre des incurfions hoftiles. Comment eft-il
arrivé qu'il ait été changé dans le lieu le plus redoutable & le funefte à ceux-mêmes pour la protection
desquels il fut conftruit!

La Rue qui borde l'enceinte du foffé offre encore
des maifons, ou plutôt des baraques, du temps de
Charles VI., & ce n'eft pas l'endroit le moins dé-
teftable & le moins malpropre de cette ville fi van-
tée, qu'on peut appeller à jufte titre la premiere de
l'Europe pour la faleté de fes rues, la conftruction
dégoutante de la plupart de fes édifices, & furtout pour le coup d'œil affreux de fa populace.
Les Boulevards (nommés autrefois *Bouleverds*, &
avec plus de raifon) ainfi que les immenfes foffés
qui environnent aujourd'hui la *Baftille*, ne furent
conftruits qu'en 1634.

Cette Prifon, la honte de la France, quoique dé-
corée du titre de *Château Royal*, eft fituée fur la
rive droite de la Seine, près un autre édifice royal
nommé l'*Arfenal*. Son entrée eft à l'extrêmité de
la Rue Saint Antoine à droite. Quelques pas avant
d'arriver à la porte, il y a un Corps de garde avancé & une fentinelle qui veille jour & nuit. Auprès
de ce Corps de garde eft un Pont-levis avec une
grande porte très forte, & une autre Poft-Porte
qui conduifent dans la Cour de l'hôtel du Gouvernement, lequel eft un bâtiment moderne féparé du
Château par un foffé fur lequel eft un Pont-levis
qu'il faut paffer pour arriver dans une feconde
Cour, où fe trouve deux autres portes & un nouveau Corps de garde. Enfuite eft une forte barre à claire-voie, formée de poutres couvertes de
fer & fort élevées, qui fépare le Corps de garde
de la grande Cour.

Avant de parvenir à cette Cour, on voit qu'il
faut avoir paffé deux ponts-levis & cinq portes,
dont toutes ont des fentinelles & font fermées
conftamment avec des verroux & des chaînes de la
plus forte épaiffeur.

On peut bien fe repofer un moment ici, & fe demander

mander en silence : Pour qui sont donc destinées ces portes terribles ? Quels monstres, quels scélérats doivent-elles séparer du reste des hommes ? Qui peut mériter d'entendre fermer sur soi ces énormes verroux, ces cadenats, ces serrures multipliées ? ..... hélas, Lecteur, pour les trois quarts au moins, ce sont des gens de bien, des ames honnêtes & franches, des amis de l'humanité, de vieux serviteurs coupables souvent d'avoir trop bien agi, des Magistrats intégres & fermes, des maris qui n'ont pu partager l'ignominie, des écrivains qui ont indiscrettement dit la vérité, des hommes dont la présence est un obstacle aux projets d'un Grand & qu'une Lettre de cachet soustrait à la société ; des étrangers qui ne savent ni ce qu'on leur veut ni ce qu'ils ont fait .... Enfin que vous dirai-je ? Gémissez avec moi, en parcourant les cachots affreux de cette maison ; & si l'humanité déshonorée vous arrache des pleurs, recevez du moins quelque consolation, en apprenant qu'un Roi plus sage, plus éclairé, plus sensible, paroit s'occuper aujourd'hui de l'examen nécessaire de ce qui se passe dans ces tristes murs, & que peut-être le jour va luire où l'iniquité palira de ses forfaits cachés, & subira la peine qu'un Monarque équitable doit infliger à ceux qui abusent de sa confiance.

La grande Cour, sur le plan de laquelle sont bâties les huit tours dans des espaces à peu près égaux, est un quarré long d'environ 120 pieds & large de 80. Il y a une fontaine dans cette Cour.

Le logement du Gouverneur peut passer pour un des beaux Hotels de Paris : les appartemens en sont ornés avec tout le luxe & l'élégance des grands Seigneurs ; ce qui ne contraste pas mal avec la mesquinerie sordide du reste. Cet hôtel a été rebâti sous le Gouvernement de M. de Bernaville, aux dépens du Roi. Ce Bernaville qui fut Gouverneur de la Bastille sous Louis Quatorze, est encore fameux dans l'enceinte de cette prison, par sa rapacité, sa cruauté, & l'horrible manière

dont

dont il traitoit les infortunés qui avoient le malheur de tomber entre ses mains. Du reste c'étoit un homme de la dernière classe, que de sales emplois avoient élevé au delà même de son espérance, & qui obtint ce riche Gouvernement par des voies qui répugnent à l'honnêteté.

En entrant dans la Cour sus-dite, par la barrière, on trouve à droite des appartemens où logent les Officiers, ou boureaux subalternes, & quelque-fois même des prisonniers moins resserrés que les autres.

Près ce bâtiment, dont l'extérieur est d'une grande vétusté, se trouve la tour nommée de la *Comté*, puis celle du *Trésor*, ainsi désignée parce que c'est dans celle-là que le grand Henri IV avoit fait déposer les sommes immenses qu'il avoit épargnées depuis son avénement au trône, pour l'exécution du vaste projet qu'il méditoit, & que la main infâme de Ravaillac fit échouer, en tranchant le fil des jours de ce bon Roi qui faisoit de la Bastille un tout autre usage que les trois Monarques qui l'ont suivi.

Les Prêtres indignes qui mirent le poignard dans la main de ce fanatique par leurs détestables conseils, ne périrent point dans les cachots de cette prison : & mille honnêtes citoyens y ont laissé la vie, souvent pour l'indiscrétion la plus légere. La prison de la Bastille est une mort civile qui fait desirer la mort naturelle, à chaque instant, par la barbarie avec laquelle on y est traité : de vingt victimes qui y languissent, dix au moins attentent sur leurs jours, & le reste y perd bientôt l'esprit ou la santé pour le reste de la vie. Les exemples en sont aussi fréquens qu'effrayans, & nous en rapporterons plus d'un dans le cours de cet ouvrage.

Après la tour du *Trésor*, vers le milieu de la Cour, est une arcade qui servoit autrefois de porte à la Ville, & qui a été plus d'une fois teinte du sang des Parisiens dans leurs démêlés domestiques. On a ménagé quelques logemens dans son épaisseur.

feur. Vient enfuite le corps de l'ancienne Chapelle où l'on a pratiqué quelques loges pour des prifonniers, quand ils font en grand nombre, comme
fur la fin du règne du faible Louis Quinze. A
l'encognure de la Cour eft la tour de la *Chapelle*.
Les deux tours du *Tréfor* & de la *Chapelle* font
les deux plus anciennes, & celles dont étoit flanquée primitivement la porte de Paris de ce coté-là.

D'énormes murs de dix pieds au moins d'épais-
feur, en pierres de taille, élévés à la même hauteur que les tours, les réuniffent dans le pourtour
entier, & font contigus à plufieurs appartemens de
prifonniers pratiqués dans les entre-deux. Enfin
au fond de la Cour eft un grand corps de logis,
bâti à la moderne, & qui en fait la féparation
d'une autre Cour plus petite que l'on nomme la
Cour du *puits*. Au milieu de ce bâtiment moderne
eft un efcalier ou perron de pierres, formé de cinq
marches, que l'on doit monter pour arriver à la
porte principale, laquelle conduit, à travers un
veftibule ou allée, fermée d'une feconde porte garnie entièrement de fer, dans la feconde Cour où
font les entrées des autres tours. Cette feconde
Cour eft impénétrable à tout autre qu'aux Prifonniers: c'eft le féjour du filence, de la trifteffe &
fouvent du dernier défefpoir.

Dans le veftibule du bâtiment qui fépare les
deux Cours, eft un Cabinet affez large qui conduit à la Salle où les Miniftres, tels que le Lieutenant de Police & les Commiffaires défignés exprès, interrogent les Prifonniers. Cette piece
s'appelle la *Salle du Confeil*, & feroit bien mieux
nommée la *Salle de la défolation*. C'eft là en
effet qu'un fourbe adroit & rufé, revêtu de la robe
honorable deftinée à la Magiftrature, vient em-
barraffer dans des interrogatoires captieux un
homme, intimidé déja par tout cet appareil formidable, & trouve le fecret de lui arracher des aveux,
produits par la feule crainte qu'on lui infpire, ou
par l'efpérance vaine dont on le berce. C'eft là
que l'iniquité, à front découvert, vient forcer
par

par d'indignes menaces, une ame faible & troublée, à dénoncer fauſſement un autre qu'on
veut perdre, à ſigner une déclaration injuſte, ſur
laquelle on bâtit la ruine d'un rival ou d'un concurrent; enfin c'eſt-là que l'innocence tremblante
& déconcertée, reſte muette devant le juge ſévere,
dont l'âpre rigueur n'étale aux yeux du priſonnier
infortuné que l'aſpect des tourmens, des boureaux
& de tout ce qui peut effrayer.

Cette ſalle du Conſeil ou des interrogatoires eſt
auſſi celle où les priſonniers reçoivent les viſites
des étrangers, quand ils en ont la permiſſion: ce
qui eſt de la plus grande rareté, ou pour mieux
dire ce qui ne ſe voit jamais. Il y a dans l'enfoncement une autre ſalle très-vaſte qui ſert de dépôt
pour les effets & papiers qu'on a ſoin d'ôter aux
priſonniers dès qu"ils entrent, & qui le plus ſouvent ne leur ſont jamais rendus, à moins que le
Détenu ne ſoit un homme aſſez puiſſant pour l'obtenir.

Derriere cette Salle, du coté de la Cour du
puits, ſe trouvent quelques logemens où couchent
les *Porte-Clefs*: on appelle ainſi ceux qui ſervent
les priſonniers, qui leur apportent à manger &c.
Ce ſont ordinairement d'anciens domeſtiques du
Gouverneur, qui ont pour cette beſogne un ſalaire de 7 à 800 livres, & qui bonifient ce médiocre
& dégoutant emploi par les vols & les eſcroqueries qu'ils peuvent faire ſur les malheureux qu'ils
appellent leurs *Pigeonneaux*. A ce défaut près,
que la modicité de leur paye rend preſque excuſable, les *Porte-Clefs* ſont en général les plus honnêtes gens de la *Baſtille*. On les trouve encore
compariſſans, humains, & portés à rendre ſervice;
tandis que les Officiers, ou plutôt les boureaux,
décorés de ce nom ſi odieuſement proſtitué, ſont
durs, barbares, & joignent à l'exercice de leurs
fonctions un air inſultant, un ton ironique qui révolte l'ame, & qui ne pouvant qu'être impatiemment ſouffert, occaſionne ſouvent des ſcènes tragiques, ou des vexations ſecrettes dont il eſt im
B

poſſible

possible au Prisonnier souffrant de tirer jamais vengeance.

A gauche en entrant par le même perron, sont
les Cuisines, & les Offices qui ont une double fortie sur la cour du *Puits*. Il y a trois étages au dessus
de ces bâtimens. Les chambres qu'on y a faites
servent ordinairement pour les Prisonniers que
l'on juge trop malades pour les tenir dans les tours.
Dans ce même corps de logis, le Lieutenant de
Roi a son appartement composé de trois pieces
au premier étage, le Major loge au second, & le
Chirurgien au troisième. Ce dernier n'est pour
ainsi dire là que pour la forme. Sa place est trop
peu lucrative & trop gênante pour tenter un homme habile & occupé dans son art. Un ruftaut de
Barbier, qui après avoir tenu quinze ans le rasoir,
court depuis quelques années la lancette à la main
dans les greniers de Paris, fait connoissance avec
la servante de la maîtresse du Gouverneur; on
parle de lui comme d'un homme prêt à tout faire,
dévoué à tout ce qu'on exigera; on le présente:
sa mine basse confirme le témoignage qu'on vient
de rendre, & voilà l'homme reçu. Au bout de
quelque temps, par des moyens qu'on ne se donne
pas même la peine de cacher beaucoup, ce Char-
cutier fait fortune, & on le remplace par un autre
écorcheur plus méprisable encore que le dernier.

Joignant les cuisines, de l'autre coté de la grande
Cour, on trouve à droite la tour de la *Liberté*.
Est-ce par dérision, par ironie, que cette tour
porte un tel nom ? Ce qu'il y a de particulier, c'est
que cette tour de la *Liberté* est la plus austere,
la plus noire & la plus infecte des huit qui composent le château de la Bastille. Si c'est une plai-
santerie, elle ne paroit rien moins que plaisante
à tel infortuné qui depuis vingt ans y gémit de son
esclavage, & qui échangeroit volontiers ce prétendu séjour de la *liberté* pour les fers de Maroc ou
d'Alger. Les cachots de cette tour s'étendent sous
les cuisines, & sont les plus incommodes de tous,
par le bruit continuel qui se fait au dessus, & plus

encore

encore par les eaux grasses & puantes, qui ne s'écoulant pas facilement par les conduits engorgés de la citerne qui est auprès, se répandent souvent dans ces cachots par deux petits soupiraux pratiqués dans l'épaisseur du mur, & vont inonder le prisonnier, au néz duquel on rit lorsqu'il s'en plaint, ou que l'on paye séchement d'un *ce n'est pas vrai.* Des Lecteurs honnêtes auront peine à croire ces horreurs ; mais on les prévient qu'elles ne sont que trop réelles, & que de toutes les peines de la *Bastille* ce sont encore les plus légeres.

A côté de cette tour si bien nommée de la *Liberté*, est un vieil appartement dans lequel on a fait une Chapelle au rés de chaussée: humide & sale, mais que l'on regarde pieusement comme assez bonne pour l'usage des proscrits auxquels elle est destinée. Dans les encognures on a pratiqué cinq niches bien grillées, où l'on met chaque prisonnier seul à seul pour entendre la messe. Jamais plus de cinq à la fois ne peuvent y assister, & comme il ne se dit plus qu'une messe par dimanche, les autres prisonniers, dévots ou non, sont réduits à s'en passer. Mais comme dans ce Château Royal tout est combiné pour le plus grand bien possible des malheureux qui y respirent, on a grand soin de remarquer ceux qui témoignent le desir d'entendre la messe, pour leur réfuser nettement cette grâce, & l'on y traîne presque par force les prisonniers qui ne s'en soucient pas, & ceux mêmes qui témoignent de la répugnance pour cette cérémonie peu amusante. Au reste, à la messe les Prisonniers ne peuvent voir ni être vus. Les portes des niches sont garnies en dehors d'une serrure & de deux verroux, elles sont grillées de fer en dedans, avec une petite fenêtre qui donne dans la Chapelle, & un rideau dessus, que l'on tire vers le temps de l'*élévation*, ou que l'on ne tire pas si le Porte-Clefs l'oublie.

Il y a un grand nombre de Prisonniers que l'on ne mêne ordinairement point à la messe: Ce sont les Ecclésiastiques, les gens qui y sont pour la vie, enfin ceux qui prient trop haut, ou que l'on connoît capables de troubler le mercenaire qui se dépêche de gagner son Ecu, & qui dans le sacrifice habituel qu'il offre à Dieu, a trop peur du *Roi* pour faire la moindre attention aux soupirs de ceux qui seroient tentés d'invoquer son ministere. Dans les dernières années du règne de Louis Quatorze, où la Bastille regorgeoit de monde, un Prisonnier à la messe s'avisa de prendre, à voix haute, Dieu à témoin de l'injustice des tourmens qu'on lui faisoit souffrir: & interrompant le Prêtre au milieu de ses fonctions il lui ordonna, au nom de la Divinité qu'il tenoit dans ses mains, d'écouter un seul mot qu'il avoit à lui dire pour prouver son innocence. Les Geoliers & toute la séquelle des gardiens firent bientôt taire le *jaseur* dont l'exemple pouvoit être pernicieux; & depuis ce temps on a bien exactement observé deux choses, l'une de ne méner à la messe que des Prisonniers dont on connoit la tranquilité, l'autre de ne se servir que de Prêtres à l'épreuve de l'attendrissement & de la compassion, chose bien facile à trouver.

A côté de la Chapelle, en avançant vers la barriere, s'eleve la tour de la *Bertaudiere*. Ce nom vient, à ce qu'on dit, d'un des maçons qui y travailloient, nommé *Bertaud*, lequel eut le malheur de tomber du sommet de la tour jusqu'au fond, & qui y donna son nom, comme dans la fable *Hellé* donna le sien à l'*Hellespont*. Que cette étimologie soit fausse ou vraie, peu importe sans doute; nous ne la rapportons que comme une ancienne tradition de la Bastille.

Entre cette tour & celle qui suit, que l'on nomme de la *Basiniere*, sont des bâtimens pour l'Aide-Major, le Capitaine des Portes, & quelques Porte-Clefs. Ces corps de logis occupent tout l'espace entre la tour de la *Bertaudiere*, & l'encognure où se trouve celle de la *Basiniere*. Pour plus de sureté cette derniere est précédée d'une espece de petite Cour, ou logette, dont la porte ferme à double chaîne, & communique dans le Corps de Garde.

Tel

Tel est l'ordre des six tours & des bâtimens qui entourent la grande Cour.

Nous avons dit que dans le corps de logis moderne qui sépare les deux Cours il y a une espece de galierie, allée, ou vestibule qui conduit dans la petite Cour ou Cour du puits. Cette allée fermée de trois portes dans sa longueur est le seul passage pour arriver aux deux autres tours situées dans la dite Cour. A droite dans l'enfoncement est celle dite du Coin, & à gauche à l'autre encognure celle nommée du Puits, probablement à cause du Puits qui se trouve auprès.

Ces deux tours isolées, par comparaison avec les autres, sont, si l'on peut parler ainsi, les tours par excellence; Comme il y a beaucoup plus de portes pour y parvenir, on n'y met que ceux qui doivent être le plus étroitement resserrés & dont la garde importe le plus. L'autre Cour, où se trouvent les six autres tours, a un coup d'œil plus animé, plus varié, plus gai même, si quelque chose peut l'être à la Bastille: les logemens des Officiers & des domestiques lui donnent encore un air habité; on voit du moins, ou l'on entend qu'on est encore au monde; mais la seconde Cour offre l'aspect le plus morne, le plus effrayant & le plus solitaire. Des murs noirs & sanguinolens dans quelques endroits, deux tours qui s'elevent à perte de vue, un silence rigide & profond, les longs gémissemens de l'air trop resserré dans cet espace étroit, tout fait naître la terreur dans l'ame de la victime qui se croit alors séparée de l'univers entier. Point de mouvement, point de bruit, tout est calme, la vue au dehors est interceptée; c'est l'antre des chagrins, des angoisses, du désespoir.

Cette Cour n'a que vingt-cinq pieds de long sur cinquante de large, & les cuisiniers qui y jettent sans précaution les ordures & les vuidanges de leurs volailles, en font l'endroit le plus infect & le plus mal-propre de ce Royal séjour. Les plaintes à ce sujet seroient superflues; les Prisonniers qui se trouvent dans les deux tours de cette Cour sont

des

des abandonnés que les seuls Porte-Clefs visitent:
le Gouverneur, les Commissaires, Officiers &c. ne
passent guere plus loin que la grande Cour, autour
de laquelle sont logés la plupart des Prisonniers
dans les six tours qui l'environnent; & lorsqu'on
a besoin des autres, on va simplement les tirer de
leurs trous, & on les fait venir dans la salle du
Conseil dont nous avons donné la description plus
haut. Ainsi cette seconde Cour doit être mal-propre impunément; & c'est encore trop bon pour
des gens que le Roi châtie, c'est-à-dire qui ont dé-
plu à un Ministre, ou à un de ses Commis, ou à
un de ses valets.

En dehors, la façade du Château présente quatre
tours vers Paris, & quatre vers le faubourg. Le
dessus des tours est une Plate-forme en terrasse
continuée d'une tour à l'autre, & fort bien entre-
tenue. Il y a treize pieces de canon sur cette plate-
forme: on les tire lorsqu'il y a quelques fêtes publiques, naissances de Princes, victoires sur les ennemis &c.; & ce n'est que par le bruit que ces énormes machines font au dessus de leur tête, que les
Prisonniers sont instruits des événemens heureux.
Mais souvent l'allegresse de la Capitale fait le malheur de quelqu'un de ces infortunés. Il est arrivé
plus d'une fois à ceux qui sont enfermés dans les
chambres supérieures des tours, & que l'on nomme
les *Calotes*, d'être blessés par les éclaboussures, le
mortier, les pierres &c., que l'explosion subite &
violente détache de la voute. Plusieurs peu accou-
tumés à entendre d'aussi près le fracas du canon,
en conservent longtemps une surdité facheuse, ou
des tréfaillemens convulsifs; & c'est ainsi que dans
cet horrible lieu les instrumens-mêmes qui annon-
cent le bonheur public, servent à aggraver les maux
de ceux qui l'habitent, le plus souvent sans savoir
pourquoi.

Quelques Prisonniers obtiennent la faveur singuliere de se promener sur cette Plate-Forme, & on
ne peut nier que ces privilégiés ne jouissent alors
de la vue la plus belle & la plus étendue. La Capitale

pitale entiere s'offre à leurs regards ; le vaste &
magnifique faubourg de Saint-Antoine, le cours de
la Seine , la riante pleine d'Ivri , forment l'aspect
le plus brillant, le plus majestueux ; mais de quelle
amertume douloureuse ne doit pas s'abreuver l'ame
d'un Captif qui contemple en silence tous ces beaux
objets , & qui se consume vainement en desirs de
les parcourir. Un ordre sévere vient l'arracher de
cet endroit trop doux pour lui ; il rentre en soupi-
rant dans son triste cachot, & recommence à maudire mille fois l'heureux scélérat qui a eu le crédit
de le soustraire au monde. Ces promenades ne
sont jamais que d'une heure au plus, & même depuis
quelques années on les a , sinon supprimées entierement, du moins rendues tellement rares qu'on peut
aujourd'hui regarder cet agrément comme nul.

Résumé de la description intérieure de la Bastille.

1º. Un Corps de garde avancé, un pont-levis, &
une Cour fermée, où se trouve l'Hôtel du Gouvernement.

2º. Un second Corps de garde, un pont-levis, &
une allée fermée qui conduit à la premiere
Cour, ou Cour extérieure.

3º. Un troisieme Corps de garde, & une porte très
forte par laquelle on entre dans la grande Cour
intérieure où sont 6 tours.

4º. Un grand Corps de logis qui sépare la grande
Cour d'avec la petite, laquelle est la plus recu-
lée, & qui renferme les deux dernieres tours.

Ces tours au nombre de huit sont, selon leur
ordre,

1 Tour de la Comté.	5 Tour de la Liberté.
2 Tour du Trésor.	6 Tour de la Bertaudiere.
3 Tour de la Baziniere.	7 Tour du Puits.
4 Tour de la Chapelle.	8 Tour du Coin.

Il eſt ſans doute aſſez ſuperflu de dire que chacune de ces tours eſt fermée en bas de portes énormes, garnies de verroux bien conditionnés ; mais ce qu’on aura peut être peine à croire, après la multiplicité des précautions qu’on a déjà vu ci-deſſus, c’eſt que toutes ces portes ſont doubles, c’eſt-à-dire deux, l’une preſque ſur l’autre, & s’ouvrant en ſens contraire : de manière qu’un Priſonnier rélegué dans une des chambres de la tour du *Coin*, par exemple, auroit au moins vingt portes à forcer avant de parvenir à la dernière. Une demie-heure ſuffit à peine pour ouvrir toutes les iſſuës qui conduiſent juſqu’à lui ; occupation trop rebutante & trop ennuieuſe pour engager les Gouverneurs, Majors &c. à viſiter ſouvent leurs triſtes hôtes : auſſi ces Meſſieurs ſi bien payés ne s’en donnent-ils preſque jamais la peine, & tant-pis pour le pauvre Priſonnier s’il eſt ſujet à quelque incommodité, ou s’il gagne quelque maladie qui exige des ſecours prompts ou des ſoins continus.

Les Cachots conſtruits ſous les tours, & beaucoup plus bas que le rès de chauſſée, ſont remplis d’un limon qui exhale l’odeur la plus infecte. Il eſt impoſſible d’imaginer comment des hommes, qui n’ont pas d’injures perſonnelles à venger, peuvent ſe réſoudre à renfermer d’autres hommes dans ces trous obſcurs qui révoltent à la fois tous les ſens. C’eſt pourtant la punition ordinaire que les indignes geoliers de la Baſtille s’arrogent le droit d’infliger aux infortunés dont l’ame ulcérée laiſſe échaper quelques plaintes.

Dans le ſein même du malheur, dans l’humiliation de l’infortune, un cœur fier & ſenſible ne s’accoutume point à l’injuſtice. La cruauté gratuite des vils gardiens, dont le ſeul office eſt de répondre de lui, l’irrite ; les caprices, l’inſolence, la hauteur inſultante de ces infames agens du deſpotiſme allument ſon indignation ; il a peine à contenir ſon juſte mépris, enfin quelques mots s’ouvrent un paſſage ſur ſes lévres paliſſantes, il ſe

plaint

plaint . . . . . . à l'inftant le boureau titré, fami-
liarifé depuis longtemps avec les affronts, ne lui
répond que par ces mots, *au cacbot*, *Monfieur*,
au cacbot : il les accompagne d'un fourire amer,
& bientôt trois ou quatre coquins, dignes fatellites
de leur chef, entrainent brutalement l'infortuné
qui prend vainement à témoin tout ce qu'il y a de
facré chez les hommes.

Ces cachots font des repaires de crapauds, de
lézards, de rats, & d'araignées dont la groffeur
effraye. La puante humidité qui y règne affecte
dans peu tous les organes ; les vaiffeaux s'engor-
gent, le fang circule avec peine, & les maladies
les plus affreufes font les fuites inévitables du féjour
de ces cavernes. Dans un des coins eft un lit de
camp formé de barres de fer fçellées dans le mur,
& de quelques planches fur lefquelles on étend un
peu de paille, qui n'eft jamais renouvellée que
quand elle eft abfolument pourie. Deux portes
de 8 pouces d'épaiffeur chacune, appliquées l'une
fur l'autre, ferment ces antres obfcurs.

C'eft là, c'eft dans ces horribles foupiraux, &
chez un peuple qui paffe pour poli, fous un gouvernement dont on vante la douceur, qu'ont langui tant de fois, & languiffent encore des hommes
qui ne font ni blafphémateurs, ni parricides, ni
incendiaires; des hommes qui ont eu le feul malheur de déplaire, & dont on veut étouffer les
plaintes à force de cruautés ! C'eft dans ces cachots que le fanguinaire & fanatique Louis XI renfermoit ceux qu'il vouloit faire périr par de longues
miferes, tels que les Princes d'Armagnac.

Pour comble d'horreur, à côté de ces cachots
la tyrannie, fertile en inventions barbares, a fait
creufer dans l'épaiffeur des murs, des trous dont le
fond eft terminé en pain de fucre, afin que les
pieds n'y puiffent trouver d'affiette, & que le
corps n'y puiffe prendre aucun repos. Dans quel
coin de ce malheureux globe trouvera-t'on d'exemple plus odieux de la méchanceté humaine ?
Une telle cruauté, ainfi froidement combinée n'eft

B 5

pas

pas même croyable. Eh bien, Lecteurs, c'est en France, c'est à Paris, c'est dans cette ville si voluptueuse, si florissante que tout cela se trouve!

Les infortunés Princes d'Armagnac enterrés dans ces trous, en étoient encore tirés deux fois la semaine pour être fustigés sous les yeux de Philippe l'*Huillier* Gouverneur de la Bastille, & de 3 en 3 mois pour se voir arracher une ou deux dents. Quel étoit leur crime? Hélas, l'adulation même n'a pas su l'articuler; & l'histoire après bien des recherches a fini par les trouver innocens. L'ainé de ces Princes y devint fou. Le Cadet fut assez heureux pour être délivré par la mort de Louis XI, & c'est de sa Requête, de l'an 1483, que l'on apprend la vérité de ces faits qui ne pouroient être crus, ni même imaginés sans une preuve aussi frappante & aussi incontestable.

L'interieur des tours est composé de quatre étages l'un sur l'autre, & un supérieur vouté, que l'on nomme *la Calote*. Ces dernières chambres font les plus aérées, par conséquent les moins malsaines, mais aussi les plus incommodes pour le bruit. Toutes les portes intérieures font couvertes de lames de fer de trois lignes d'épaisseur.

Il y a cinq ordres de chambres. Les plus horribles après les cachots font celles où il y a des *Cages de fer*. La Bastille en a trois de cette espece. Ces Cages font faites de poutres d'un bois extrêmement fort, & toutes revêtues de feuilles de fer sur tous les cotés: elles ont six pieds de large, huit de long, & sept de haut.

Les Historiens ne s'accordent point sur l'inventeur de ces Cages de fer. Les uns prétendent que Louis XI est le premier qui en ait fait faire, & l'on ne peut nier que cette invention ne soit bien digne de ce Roi stupide & féroce. Les autres, & surtout *Mézerai*, disent que ce fut un certain Evêque de Verdun qui en donna l'idée & le plan. On en construisit une au Château d'Angers où il fut le premier renfermé pendant 10 ou 12 ans. Quoiqu'il en soit de cette anecdote dont on ne garantit

tit pas l'autenticité, il est certain que sous Louis
XI il y eut beaucoup de ces Cages de fer con-
struites dans les donjons de divers Châteaux. On
en voit encore aujourd'hui dans les Châteaux de
Blois, de Bourges, d'Angers, de Loches, & du
Mont Saint Michel.

Les étrangers & les curieux vont encore examiner, au Château du Plessis-les-tours, le cachot
de fer où le Cardinal de la Ballue fut renfermé
pendant onze années entières, par les ordres du
tyran Louis XI, vers l'an 1430. Les murailles,
les planchers, la porte, le guichet pour recevoir
la nouriture & vuider les immondices font de pla-
ques de fer attachées sur de grosses barres du même
métal.

Le même Louis XI fit faire deux de ces cachots
de fer au Château de Loches en Touraine, & c'est
dans un de ceux-là que fut enfermé l'infortuné
Ludovic Sforce Duc de Milan qui fut pris dans
une bataille sous Louis XII l'an 1500. On eut la
barbarie de prolonger sa prison jusqu'à la fin de ses
jours.

Louis XII lui même, n'étant encore que Duc
d'Orleans, & ayant pris les armes contre le parti
du Roi, fut fait prisonnier, en 1488, à la bataille
de Saint Aubin du Cormier en Picardie; après
avoir été promené de prisons en prisons, il fut
renfermé pendant trois ans dans le Château de
Bourges, & tous les soirs on le forçoit d'aller coucher dans la Cage de fer. C'est à l'occasion des
mauvais traitemens qu'il essuya alors, qu'il dit,
étant devenu Roi, ce beau mot qui lui a fait tant
d'honneur. Quelques Courtisans rappellant à ce
Monarque les cruautés qu'on avoit exercées contre
sa personne dans ces temps malheureux, & voulant
l'exciter à la vengeance, Louis XII leur répondit,
avec autant de grâce que de douceur, *que ce n'é-
toit point au Roi de France à venger les injures du
Duc d'Orleans.*

Le second ordre de chambres rigoureuses est celles que l'on nomme *Calottes.* Ces Chambres, les plus

éle-

élevées des tours, sont formées de huit arcades en pierres de taille qui se réunissent au milieu, & forment une espece de plafond. On ne peut s'y tenir droit qu'au milieu de la chambre; il y a tout au plus l'espace d'un lit entre ces arcades. La distance du bord intérieur de la fenêtre à son bord intérieur est de toute l'épaisseur du mur, c'est-à-dire d'environ 8 pieds; en dedans & en dehors il y a des grilles de fer. En été la chaleur y est excessive, & en hyver le froid insupportable : il ne s'y trouve cependant point de cheminées. On y met un poële qui dans un lieu aussi resserré cause souvent des maux de tête, auxquels on ne fait pas beaucoup d'attention, sous le prétexte qu'on ne finiroit pas s'il falloit écouter toutes les plaintes des Prisonniers.

La plûpart des autres Chambres sont de forme octogone, larges ordinairement de 18 à 20 pieds de diametre sur 14 de haut. Les croisées sont extrêmement élevées, & il y a trois ou quatre marches en pierres pour y monter. Les bareaux de fer des grilles des deux cotés sont gros comme le bras. Les Chambres basses n'ont de vue que sur les fossés : encore y a t'on pratiqué des abat-jours posés obliquement, de maniere que le Prisonnier ne voit exactement qu'une bande du ciel fort étroite. Les jours de celles qui sont plus élevées sont obscurs & lointains, à cause de l'éloignement du bord extérieur des fenêtres. Quelques unes ont des vues sur les boulevards de Paris & sur la Campagne.

Ces dernieres ne sont guere que pour les Prisonniers privilégiés, c'est-à-dire pour ceux qui faisant taire politiquement leurs chagrins ou leur couroux, ont assez de tranquilité d'ame pour flatter les monstres qui président à la geole, & obtiennent par cette souplesse apparente un traitement moins dur. Ils y gagnent quelques douceurs sur le manger, & la jouissance d'une des chambres les moins affreuses : car c'est le Gouverneur, le Lieutenant ou le Major qui disposent à leur gré des appartemens vacans, & qui récompensent ou châtient selon leur

bon

bon plaisir, en accordant des Chambres plus ou moins commodes.

Ce pouvoir arbitraire des Gardiens Royaux de la Bastille étoit jadis encore bien plus grand, & par conséquent plus funeste pour les malheureux qui se trouvoient sous les griffes de ces Cerberes salariés. Le fameux *Tristan-l'Hermite*, compere de Louis XI. & prévôt de son hôtel, étoit lui même le juge, le témoin, le geolier, & l'exécuteur des Prisonniers. Cet homme d'exécrable mémoire, digne ami d'un tel maître, faisoit passer les victimes que Louis XI lui adressoit, sur une bascule qui les précipitoit dans des trous obscurs, où le désespoir & la faim les faisoit périr au bout de quelques jours ; d'autres étoient noyés une pierre au cou, d'autres étouffés dans leurs cachots. Ce tyran infâme fit périr ainsi plus de 4000 personnes. Aujourd'hui l'appareil de la cruauté n'est pas aussi terrible, mais il n'est guere moins barbare ; la mort qui mettoit rapidement un terme aux maux des Prisonniers n'arrive plus que lentement, elle laisse tout le temps d'en appercevoir l'image hideuse ; & par le nombre de ceux qui de nos jours ont cherché à se défaire de la vie à la Bastille, on peut juger facilement combien les souffrances y sont multipliées, & combien d'hommes y préferent la mort à une telle existence. Les Mémoires de M. Linguet fournissent mille exemples de ces petits tourmens secrets, qui rendent la vie dure pour le seul plaisir de mettre les gens aux abois ; & nous y reviendrons tout à l'heure.

Les Cheminées sont grillées depuis le bas jusqu'au haut, de distance en distance, afin d'empêcher toute espece de communication. Anciennement les Prisonniers conversoient par les cheminées, ou y montoient dans l'espoir de parvenir à s'échaper. On faisoit même quelque-fois des trous au plancher par lesquels on se glissoit mutuellement des billets ou des lettres. On en voit des exemples dans les Mémoires de Madame de Staal. Aujourd'hui on a pris des précautions si sures que toute la sagacité des Prisonniers est en défaut, & qu'il n'y a plus aucune ressource extérieure contre l'ennui.

Chaque tour a des latrines ; elles sont soigneusement grillées à chaque étage. Il y a quelques chambres qui en ont d'intérieures ; les autres ont les supplémens ordinaires : ce qui fait encore un genre de supplice continuel pour ceux qui ont l'habitude de la propreté. La négligence des Porte-Clefs, & le peu d'intérêt qu'ils prennent au bien-être des Prisonniers, les rend fort insoucians sur tout ce qui exige un peu de peine ou de complaisance.

Toutes ces Chambres sont mal closes, froides & humides en hiver. On les distingue par le nom de la Tour, & par le nombre de l'étage: ainsi la premiere chambre de la tour de la *Basiniere* s'appelle la *premiere Basiniere*, celle au dessus s'appelle la *seconde Basiniere* &c. On dit de même la 3e. ou la 4e. du Trésor selon que l'on parle du 3e. ou 4e. étage. Les Prisonniers ne sont également nommés que par le nom de leur Tour joint au numero de leur étage. Ce sont des noms de guerre convenus entre les modernes *Tristans* pour éviter de nommer les Prisonniers par leur nom propre.

Les Chambres ne présentent que quatre murailles nues, enfumées, & toutes rongées par le salpêtre. Ce sont pour ainsi dire des Regiftres vivans : on y lit des noms, des vers, des devises &c. que l'oisiveté fait tracer aux prisonniers. Le désespoir, la colere y font souvent écrire des choses horribles contre le Gouvernement - même, & alors dans les visites annuelles on a soin de les effacer : mais comme l'attention là - dessus est assez superficielle, on laisse souvent sur ces murs des traits qui excitent également l'horreur & la compassion.

Dans la premiere Chambre de la Tour du *Coin*, dit l'auteur de l'inquisition françaife, on avoit originairement peint sur le mur, à fresque, un *Jesus-Christ* en croix, de grandeur naturelle. Des Prisonniers l'avoient mutilé d'une maniere monftrueuse ; ils lui avoient peint deux Cornes sur la tête, ils

avoient

avoient effacé le voile ou écharpe que les peintres
mettent ordinairement pour couvrir ce que la pudeur
défend de montrer, & à la place ils y avoient fait un
*membrum virile, enorme, horrendum, ex quo copiosè
fluebat virus.* Ces sacrileges avoient écrit au bas
que *cet écoulement procédoit d'un mal vénérien.* Sur
sa poitrine ils avoient écrit: *mystere, la grande Babi-
lone,* & quantité d'autres sotises de cette espece.
Il y avoit un portrait du Roi sur la cheminée, peint
en grand: ils lui avoient également fait, avec du
Charbon, deux cornes sur la tête, comme au *Cru-
cifix.* Dans un autre endroit de la même chambre,
ils avoient peint Louis XIV. attaché à une potence
avec cette inscription: *Pendu pour ses bienfaits.* Un
malheureux prisonnier, nommé *Augustin le Char-
bonnier* des environs d'Alençon en Normandie fut
mis dans cette même chambre. Quoique depuis
quelque temps il eût perdu l'esprit dans une autre
chambre d'où on le transféroit alors, cet infortuné
conçut de l'indignation à la vue de ces sales peintures, & il se mit à crier plusieurs fois par sa fenêtre: Sentinelle! cours vîte avertir M. le Chancelier
que des infâmes ont prophané l'image du Christ &
celle du Roi! Ses cris déplaisant beaucoup aux
Officiers, on envoya des gens pour le faire taire,
& on lui cassa brutalement la cuisse pour l'empêcher
de marcher. On n'effaça point les peintures & elles
ne l'ont été que par l'auteur cité ci-dessus, qui ne
put en souffrir la vue lorsqu'on le mit dans cette
Chambre. Il en témoigna son étonnement au con-
ducteur qui l'introduisoit, & celui-ci lui répondit
froidement que cela étoit fort égal, & que s'il
falloit châtier tous les prisonniers pour ce qu'ils
font, on n'auroit autre chose à faire que de battre
& de casser des os.

Qui me croiroit, d'après cette Réponse modérée,
que ces Messieurs de la Bastille sont les meilleurs
gens du monde, les plus indulgens, les plus tolé-
rans? Certes on se tromperoit fort. S'ils sont d'une
grande indifférence pour les choses qui ne les touchent pas personnellement, en récompense ils sont

fort

fort chatouilleux lorfqu'il eft queftion de plaintes contre leurs faits & geftes : & malheur au prifonnier qui, au lieu de déclamer contre la Divinité, auroit la mal-adreffe de s'emporter contre les Dogues qui gardent le *Château des huit Tours.*

Quant à l'ameublement, il confifte ordinairement en un mauvais lit de ferge verte, garni de rideaux que la colere d'un Prifonnier met fouvent en lambeaux, & que fon fucceffeur doit raccommoder de fon mieux fi ce petit défordre bleffe fa vue; une paillaffe pleine d'infectes fort incommodes, un matelat que l'on fait femblant de battre tous les ans, une table dont les pieds font rarement égaux, une cruche fêlée pour mettre de l'eau, une fourchette de fer quand on a l'air d'être bien fage, autrement il faut s'en paffer crainte d'accidens ; une cuillere d'étain, un gobelet de même métal que l'on jureroit être du plomb par fa noirceur, un chandelier de cuivre, un pot de chambre à moitié caffé, deux ou trois chaifes délabrées, & quelque-fois, par furcroît de luxe, un vieux fauteuil rembouré de cuir à demi pouri : tels font les meubles élégans des Chambres de la Baftille; fi l'on en excepte deux ou trois appartemens dans les tours de la *Bertaudiere* & du *Tréfor*, qui font un peu moins pitoyablement meublés, & que l'on donne aux Prifonniers illuftres, ou d'un rang trop élevé pour ofer leur manquer tout à fait.

Quelques Chambres, mais fort peu, ont des cherets, ce font des meubles trop dangereux. On n'obtient que rarement des pincettes & une pelle, dont on craint également l'ufage dans des mains un peu promptes. On donne à chaque Prifonnier une provifion d'allumettes, un briquet, de l'amadou, une chandelle par jour, ou plutôt par nuit, & un ballai par femaine. (c'eft le feul article dont on foit fervi avec profufion.) Mais quel befoin un pauvre prifonnier a t'il d'un ballai par femaine? Pourquoi faut-il que fa maudite chambre foit fi propre, tandis que fes meubles font fi fales, fi dégoutans ?

tans? Eh, Meffieurs les Pourvoyeurs, point tant de ballais, mais un peu plus de ce qui eft vraiment néceffaire! Vos hôtes ne font point deftinés à recevoir compagnie; leur plancher peut fe paffer d'être fi régulierement frotté. Donnez leur de meilleur pain, de meilleur vin, de meilleure viande; n'efcroquez plus fur ces objets utiles; & puisque votre effence eft de voler: volez, Meffieurs, volez fur les ballais, & ne craignez point que les Prifonniers s'en plaignent comme de vos autres tours d'adreffe fi difpendieux pour le Roi, & fi défolans pour vos penfionnaires.

Enfin pour terminer l'article des fournimens, on donne des draps de lit tous les quinze jours & quatre ferviettes par femaine. Tel eft du moins l'ordonnance que l'on fait fort bien éluder en hiver, fous prétexte que le linge ne feche pas aifement.

Quant aux habits, c'eft un très grand bonheur que d'être arrêté lorfqu'on eft bien vêtu; autrement on court rifque de geler en hiver. Vous avez beau demander vos habits, vos chemifes, votre robe de chambre; rien ne fe délivre que par l'ordre du Miniftre; & il a bien autre chofe à faire que de penfer à votre Garde-Robe. Il faut huit ou neuf mois avant d'obtenir ce qu'on demande, fi encore on eft affez heureux pour cela; & les vêtemens que vous avez follicités à mains jointes au commencement de la rude faifon, vous arrivent au mois de Juin.

Un prifonnier, pour cet objet, s'adreffe dabord à celui des Porte-Clefs qui eft chargé de lui apporter fon manger: il ne peut s'adreffer à d'autres puifqu'il ne voit que lui. Celui-ci qui a éprouvé plus d'une fois les brufqueries de fes fupérieurs, ne fe preffe point de leur parler, & l'oublie tout à fait.

Le Prifonnier l'en fait reffouvenir: il fe détermine enfin à l'obliger, furtout s'il préfume qu'il y aura dans la fuite quelque chofe à gagner: mais il faut rencontrer un Supérieur, & qu'il ait le temps d'écouter. M. un tel ne peut pas, il faut qu'il s'habille pour fortir; un autre eft en partie fine avec

C

des

des catins; Celui-ci a du monde, Celui-là des affaires; trois, quatre femaines s'écoulent fans qu'on
puiffe obtenir audience. Enfin on trouve l'heureux
moment: la requête eft préfentée, c'eft fort bien:
Dieu fait maintenant quand vous en entendrez parler. Il faut tant de myfteres, tant de courfes qu'on
doit fe trouver fort heureux lorfque deux grands
mois feulement en voyent enfin arriver le fuccès.

Peut-être prendra-t'on tout ceci pour une exa-
gération. Mais fi quelqu'un eft jamais tenté de le
foupçonner, qu'il ouvre toutes les relations des
témoins oculaires; qu'il parcoure tout ce qui a jamais été imprimé fur la Baftille; qu'il life l'hiftoire
de M. *Farie de Garlin en Béarn*, qui dans le temps
des perfécutions pour la Religion réformée, fut
détenu onze ans dans une des chambres nommées
Calotes, & qui après avoir ufé & pourri le peu de
vêtemens & la feule chemife qu'il avoit fur le corps,
fut réduit à fe couvrir uniquement d'une mauvaife
courte pointe qui étoit fur fon lit..... Qu'il life la
defcription que donne l'Auteur de l'inquifition Fran-
caife du trifte état où il trouva l'infortuné *Jacob le
Berthon* fils d'un fameux Médecin du Poitou, enfermé auffi pour caufe de Religion.

„ A peine, dit cet Auteur, nous étions nous mis à
„ diner (de fon temps on mettoit quelque-fois
„ deux ou trois Prifonniers dans la même chambre:
„ ce qui ne fe fait abfolument plus aujourd'hui)
„ que nous entendîmes ouvrir la porte de la Tour,
„ puis celles de nôtre chambre, & que nous vîmes
„ entrer avec le Porte-Clefs un homme qu'on ne
„ pouvoit regarder fans frémir. Il étoit tout de-
„ guenillé, fon chapeau paroiffoit à peine noir, &
„ étoit tout percé; il nous dit qu'il y avoit plus de
„ deux ans qu'il lui fervoit dans fon cachot de cha-
„ peau & de bonnet de nuit; il ne reftoit plus que
„ quelques cheveux attachés à la coëffe de fa per-
„ ruque qui étoit fi graffe qu'on n'en pouroit difcer-
„ ner le réfeau; une vieille manche de chemife lui
„ fervoit de col, & étoit auffi noire que la chemi-
„ née; fon habit quoique rapetaffé de tous les
                                              „ cotés

,, cotés étoit en lambeaux; sa chemise aussi noire
,, que sa cravatte sortoit par plus de trente endroits
,, de sa culotte qui n'en avoit plus la forme; le
,, plus grand morceau de ses bas n'étoit pas plus
,, large que le pouce; les semelles de ses souliers
,, ne tenoient plus qu'avec des cordes, & le dessus
,, n'étoit plus qu'un assemblage de vieux gands sur
,, le cuir déchiré. Toutes les piéces qui soute-
,, noient l'*économie* de cet affreux vêtement étoient
,, cousues de fil de toutes sortes de couleurs. Son
,, visage étoit tanné, défait, couvert d'une barbe
,, mousseuse & grise, à peu près comme on peint
,, celle de Saint Pierre. Sitôt que nous vîmes cette
,, effrayante figure nous nous recriâmes d'étonne-
,, ment, en demandant au Porte-Clefs ce que cela
,, vouloit dire. Messieurs, nous répondit-il, c'est
,, un confrere que M. le Gouverneur juge à pro-
,, pos de mettre avec vous dans vôtre Chambre.''
Cette réponse les fit palir, & ils jugerent à cette vue
ce qu'ils avoient à attendre de la dureté des gens
de la Bastille, s'ils étoient destinés à y rester longtemps, puisqu'ils avoient la barbarie de souffrir un
homme tel que M. *le Berthon* dans un dénuement
d'habits aussi affreux.

Enfin pour rapporter des exemples plus récens,
que le Lecteur incrédule ouvre les Mémoires de
M. Linguet. Qu'il y voye l'histoire de ses *Culottes*
qui a fait rire quelques mauvais plaisans, lesquels
n'ont pas senti combien des privations de ce genre
sont véritablement dures, & combien cet éloquent
Avocat a eu raison de ne pas passer sous silence un
article qui fait si bien connoître le genie du Gouverneur actuel de la Bastille. A la vérité les *Culottes*
de M. Linguet vont devenir fameuses, & ce ne sera
pas un petit aliment pour ceux qui lui reprochent
avec fondement un égoïsme dont le fiel orgueilleux
perce à travers toutes les beautés dont fourmillent
ses ouvrages.

Quoiqu'il en soit des *Culottes* de M. Linguet,
voici le passage de ses Mémoires où il en est parlé;
il vient trop bien à l'appui de ce qu'on a lu ci-
dessus pour ne pas en faire usage.

,, Quant

,, Quant au vêtement (*Mémoires* , *note* 29)
,, M. le Gouverneur m'a souvent parlé de ses lar-
,, gesses en ce genre ; je ne crois pas qu'il m'ait
,, jamais honoré de ses visites sans me parler des
,, *Culottes* qu'il distribuoit généralement à SES
,, *prisonniers* ; car en parlant des malheureux reclus
,, il emploie toujours le terme possessif. Voici ce
,, qui m'est arrivé à moi-même.''
,, J'ai été arrêté le 27 Septembre 1780, allant diner
,, à la campagne, & par conséquent avec la garde-
,, robe que l'on emporte pour un pareil voyage,
,, dans cette saison. Il ne m'a pas été possible de
,, me procurer quoique ce soit de plus, ni en lin-
,, ge, ni en habits, jusqu'à la fin de Novembre
,, suivant ; dans ce mois qui a été rigoureux
,, il falloit ou me condamner moi - même à
,, ne pas sortir de ma chambre, ou aller nud, lit-
,, téralement nud, braver dans la *promenade* (1)
,, la violence du froid : & j'avois de l'argent cepen-
,, dant déposé dans les mains des Officiers, & je
,, ne demandois que la permission d'*acheter* ces
,, *Culottes* que l'on *donnoit*, me disoit-on, aux au-
,, tres Prisonniers.''
,, Il y a plus : dans les derniers jours de Novem-
,, bre, on m'envoya enfin de chez le Sieur *Le*
,, *Quesne* (2) un convoi d'hiver ; il contenoit des
,, bas qu'un enfant de six ans n'auroit pas pu met-
,, tre, & le surplus de l'habillement taillé sur les
,, mêmes proportions. Sans doute on avoit calculé
,, que je devois être prodigieusement maigri. Cela
,, ne paroitra puérile qu'a ceux qui ne réfléchiront
,, pas

(1) Cette *Promenade* consiste à aller respirer une heure
l'air de la Cour du Château, encore n'est-ce pas tous les
jours, & il faut bien des façons avant d'obtenir cette
maigre faveur que mille désagremens accompagnent.
(2) M. *Le Quesne* marchand d'étoffes de soie à Paris,
le Correspondant de M. Linguet. Voyez dans les Mémoires comment il en a été trahi, & quel infâme coquin
est ce Le *Quesne*.

„ pas aux circonftances : mais voici qui ne le pa-
„ roitra à perfonne."

„ J'élevai douloureufement la voix fur une ex-
„ pédition auffi dérifoire: je priai le Gouverneur
„ de renvoyer cette *Layette*, & de s'intéreffer pour
„ obtenir un fupplément, ou de me le laiffer ache-
„ ter: il me répondit nettement en préfence de
„ fes collegues & d'un Porte-Clefs, QUE JE POU-
„ VOIS M'ALLER FAIRE F.......; QU'IL SE
„ F....... BIEN DE MES CULOTTES (3);
„ QU'IL

(3) Pour le coup, voila de quoi mettre les *Culottes* de
M Linguet au rang des plus fameufes ; & cet article
mérite d'être ajouté par les littérateurs au Chapitre des
Culottes.

La *Culotte* la plus fameufe, du moins que nous con-
nûffions jufques à préfent, eft celle de *Jean Chandos*
dont on nous permettra bien de rapporter l'hiftoire,
pour faire un peu reprendre haleine au Lecteur, &
égayer fes efprits affligés fans doute par la lecture des
affreux tableaux que nous venons de lui mettre fous les
yeux. Quelque loin que s'écarte de notre fujet la plai-
fanterie fuivante, elle nous offre un moment de repos
néceffaire: nous ne reprendrons que trop tôt la lugubre
palette.

Jeanne d'*Arc*, Pucelle d'Orleans, traverfant le camp des
Anglais, entre dans une tente:

La tente étoit celle de Jean Chandos,
Fameux guerrier qui dormoit fur le dos.
Jeanne faifit fa rédoutable épée,
Et fa CULOTTE en velours découpée.

. . . .

. . . .

Qui fut pénaut le lendemain matin ?
Ce fut Chandos ayant cuvé fon vin.
. . . . plein d'une jufte rage,
Il crie alerte, il croit qu'on le trahit,
A fon épée il court auprès du lit,

,, QU'IL FALLOIT NE PAS SE METTRE DANS
,, LE CAS D'ÊTRE À LA BASTILLE, OU SA-
,, VOIR SOUFFRIR QUAND ON Y ÉTOIT.
,, J'avoue que ses Camarades baisserent les yeux,
,, & que huit jours après j'eus une Robe- de- cham-
,, bre & des *Culottes*."
,, Si ces inconcevables atrocités n'étoient pas or-
,, données, il faut les publier, afin de les épargner
,, à mes

Il cherche envain, l'épée est disparue :
Point de CULOTTE, il se frotte la vue,
Il gronde, il crie & pense fermement
Que le grand Diable est entré dans le camp.

. . . .

. . . .

Agnès (*) arrive en une hotellerie,
Où dans l'instant lasse de chevaucher
La fiere Jeanne avoit été coucher.
Agnès attend qu'en ce logis tout dorme,
Et cependant subtilement s'informe
Où couche Jeanne, où l'on met son harnois ;
Puis dans la nuit se glisse en tapinois ;
De Jean Chandos prend la CULOTTE, & passe
Cuisses dedans, & l'aiguillette lace (**).

. . . .

. . . .

On prend Agnès & son gros confident,
Ils sont tous deux menés incontinent
A Jean Chandos qui terrible en sa rage,
Avoit juré de venger son outrage,
Et de punir les brigands ennemis,
Qui sa CULOTTE & son fer avoient pris.

Dans

____

(*) Agnès *Sorel* maitresse de Charles VII.
(**) Les Boutons ne furent inventés que 160 ans après cette
avanture ; on ne le servoit que d'aiguillettes, d'où est venu *nouer*
l'aiguillette &c.

„ à mes successeurs: si elles étoient autorisées, si
„ elles entrent ou dans le régime de la maison,
„ ou dans le traitement particulier qui m'étoit pré-
„ paré, il faut les publier encore, afin d'assurer
„ au scrupuleux Gouverneur les récompenses que
„ mérite son exactitude.”
Que dire après de tels exemples? Les Cheveux
dressent

Dans ces momens où la main bienfaisante
Du doux sommeil laisse nos yeux ouverts,
Quand les oiseaux reprennent leurs concerts,
Qu'on sent en soi la vigueur renaissante,
Que les desirs, peres des voluptés,
Sont par nos sens dans notre ame excités,
Dans ces momens, Chandos, on te présente,
La belle Agnès, plus belle & plus brillante
Que le Soleil aux bords de l'Orient,
Que sentis-tu, Chandos, en t'éveillant?
Lorsque tu vis cette Nymphe si belle,
A tes cotés & tes gregues (***) sur elle:

Chan-

(***) *Gregues.* C'est un vieux mot qui signifie *Culotte.* Il dé-
rive de l'ancien Celtique *Brag,* dont on a fait par corruption *Grag,*
& enfin *Gregue.* Les Romains en avoient fait le mot *Bracca: Gal-
lia Braccata, la Gaule enculottée.* De là viennent nos mots *Bra-
guer, Braguette.* C'est dommage que nous n'ayons pas le loisir
d'approfondir cette importante matiere des *Braguers.* On sait que
nos ancêtres donnoient ce nom à toute la partie supérieure du devant de la *Culotte,* que l'on nomme aujourd'hui Pont-levis. Ces
Braguers étoient autrefois d'une ampleur démesurée: étoit-ce par besoin,
étoit-ce par vanité? Ce qu'il y a de sûr c'est que les amples *Braguers*
étoient fort commodes. Nos bons ayeux y mettoient des oranges,
des dragées, du pain d'épice dont ils régaloient les Dames (†). En
hiver les *Braguers* servoient de manchon; enfin ils étoient propres à
mille choses, & préférables à l'étroite dimension de nos Ponts-levis.

(†) *Pour s'en former une juste idée, on peut avoir recours
à l'Almanach de Gotha de* 1783, 2*de Planche du mois de Janvier;
ces* Braguers *y sont exactement représentés selon l'ancien costume.*

C 4

dreſſent à la tête, & l'humanité gémit d'une enchainement de barbaries auſſi gratuites.

On lit dans les Mémoires de Madame de Staal qu'on lui permit de faire tendre une tapiſſerie dans ſa chambre. Peut-être ſa qualité de favorite d'une grande Princeſſe lui valut-elle cette condeſcendance; peut-être étoit-on alors plus complaiſant qu'on ne l'a

Chandos, preſſé d'un aiguillon bien vif,
La contemplait de ſon regard laſcif,
Agnès en tremble, & l'entend qui marmote,
Entre ſes dens: je r'aurai ma CULOTTE,
A ſon chevet d'abord il la fait ſeoir:
Quittez, dit-il, ma belle priſonniere,
Quittez ce poids d'une armure étrangere:
Ainſi parlant, plein d'ardeur & d'eſpoir,
Il la décaſque, il vous la décuiraſſe,
La belle Agnès ſe défend avec grace,
Elle rougit d'une aimable pudeur,
Penſant à Charle & ſoumiſe au Vainqueur
. . . .
. . . .
Monſieur Chandos, hélas que faites-vous ?
Diſoit Agnès, d'un ton timide & doux,
Par Dieu, dit-il, (tout héros anglois jure)
Quelqu'un m'a fait une ſanglante injure.
Cette CULOTTE eſt mienne, & je prendrai
Ce qui fut mien où je le trouverai.
Parler ainſi, mettre Agnès toute nue,
C'eſt même choſe, & la Belle éperdue
Tout en pleurant, étoit entre ſes bras,
Et lui diſoit: non je n'y conſens pas.

Cette CULOTTE de Jean Chandos eſt ſans contredit une des plus intéreſſantes dont il ſoit parlé dans l'hiſtoire moderne.

ne l'a été depuis, mais ce quil y a de certain c'eſt que les tolérances de ce genre ſont un des abus que la régularité moderne a retranchés, comme dit fort bien le même M. Linguet.

On ne laiſſe à aucun priſonnier ni conteaux ni ciſeaux, ni raſoirs. Après avoir mis les plats ſur la table du Priſonnier le Porte-clefs lui coupe ſes mor-

Vient enſuite la Culotte du feu Maréchal de Broglie. On ſait que ce Général ayant été ſurpris en Italie, & obligé de donner ſes ordres ſans CULOTTE, ne laiſſa pas que de battre les Impériaux. *Conſultez les Mémoires du temps.*

Les CULOTTES de Madame de Tencin ne ſont pas moins célebres. Cette Dame donnoit tous les ans pour étrennes une CULOTTE *de velours* aux beaux eſprits qui fréquentoient ſa maiſon, à commencer par M. de Fontenelle. C'éeoit la plus aimable femme de ſon ſiecle, & les CULOTTES qu'elle diſtribuoit ont paſſé en proverbe.

Enfin on ajoutera à cette illuſtre fripperie la vieille CULOTTE, déſormais fameuſe, conſignée dans les *Annales* du XVIIIe. Siecle, & qui ne tiendra pas le moindre rang parmi les CULOTTES mémorables.

Si le Sujet n'étoit pas ſi grave, nous aurions compris dans notre énumération la CULOTTE jadis ſi renommée dans la Piece par *Ecriteaux* (†) de l'ancien Opera Comique intitulée *Arlequin Roi de Sérendib:*

Mezettin dit à Arlequin (ſur l'air *je ne ſuis ni roi ni Prince* &c.

Quel

(†) On appelle ainſi des Pieces où chaque acteur avoit ſon rôle écrit en gros caracteres, ſur un carton qu'il préſentoit aux yeux des ſpectateurs. Ces inſcriptions parurent dabord en proſe; on les mit enſuite en chanſons que l'orcheſtre jouoit & que les aſſiſtans chantoient. Les Comédiens Français ayant obtenu un ARRÊT qui défendoit aux acteurs de la foire de donner aucune Comédie par dialogue, ni par monologue, les *Forains* eurent recours à ces piéces par *Ecriteaux*. Quel pays que la France! vous y trouvez des défenſes ſur tout, des arrêts contre tout, des *Baſtilles* pour tout. Heureuſement que l'on s'y moque de tout.

C 5

morceaux avec un couteau arrondi par le bout, &
le remet avec soin dans sa poche aussi-tôt qu'il s'en
est servi.

Quant aux *ongles*, on les laisse croître, ou si l'on
demande une paire de ciseaux, on ne vous les confie pas; on vous les prête un moment, & le Porte-
Clefs est là pour les reprendre aussi-tôt que vous
avez fini. Le meilleur expédient est de les ronger.

Pour la *Barbe*, c'est l'office du Chirurgien du
Château; encore il s'en faut bien qu'on la fasse à
tout le monde. Il y a tel prisonnier à la Bastille
qui n'a pas vu couper sa Barbe depuis cinq ou six
mois. Le porte Clefs est présent pendant que le
Chirurgien fait sa fonction; & son œil vigilant ob-
serve bien si la main du patient approche ou non
de l'étui qui renferme les instrumens. M. de Lally
donna aux *Bastilleurs* une belle scène à l'occasion
d'un rasoir; il mit un jour en riant la main sur un,
& faisoit mine de ne pas vouloir le rendre; cela
n'annonçoit pas des desseins bien furieux : le tocsin n'en sonna pas moins dans tout le Château, la
garde étoit déjà mandée, vingt bayonnettes mar-
choient, on préparoit peut-être les canons, quand
heu-

Quel transport de mon cœur s'empare !
Pour vous il se trouble, il s'égare,
Puis-je méconnoitre ses traits ?

C'est Arlequin que j'envisage ;
J'en crois mes mouvemens secrets ,
Et mes yeux encor davantage.

Arlequin lui répond (sur l'air *M. la Palisse est
mort*).

C'est lui, plaignez ses malheurs ,
C'est lui que le sort ballotte ;
Reconnoissez-le à ses pleurs,
Encore plus à sa Culotte.

heufement la révolte finit par la réintégration du
frêle inſtrument dans ſon étui. *Mém. de M. L.*

Régime de la Baſtille.

Les anciens Mémoires écrits par des Commen-
ſaux-mêmes du Château font voir qu'autre-fois
les priſonniers détenus à la Baſtille étoient aſſez
bien nourris, du moins ceux dont quelque recom-
mendation particulière adouciſſoit le ſort. Aujour-
d'hui l'eſprit d'avarice & de rapine, qui préſide à
toutes les opérations du Gouverneur actuel, a mis
bon ordre à l'eſpece d'aiſance qui règnoit jadis.
C'eſt lui qui a l'entrepriſe à forfait de tous les *en-
cagés* ; & cette gargote royale eſt conduite de manière à être prodigieuſement lucrative.

La nouriture des priſonniers eſt réglée par un
tarif ſuivant leur qualité. Tout eſt preſcrit ſuivant
le cadaſtre miniſtériel dont on auroit aſſurément
pas lieu de ſe plaindre, ſi le gargotier en donnoit à ſes hôtes pour l'argent qu'on lui paye.

Pour les Princes le prix par jour eſt de 50 livres.
Pour un Maréchal de France 36 liv. Un Lieu-
tenant-Général des armées 16 liv. Un Conſeiller
au Parlement 15 liv. Un Juge ordinaire, un Fi-
nancier, un Prêtre 10 liv. Un Avocat, Procureur,
5 liv. Un Bourgeois ordinaire 4 liv. Enfin les
Valets, les Colporteurs, les gens du bas étage
3 liv.

De tous les objets à la charge du Roi, il n'y en a
point d'auſſi bien payé que ce qui regarde la Baſtille ; & il n'y en a point dans aucun département
quelconque, où le régiſſeur gagne autant & ſe faſſe,
outre ſes appointemens, un revenu plus conſidérable par ce qu'on appelle le *tour de bâton.*

Au deſſus du nombre exiſtant des Priſonniers,
grand ou petit, le Roi fait bon au Gouverneur
de quinze places à raiſon de 10 liv. par jour ; ce
qui fait 150 livres de profit clair, ou, comme on
dit, d'argent ſec & liquide, qui entre dans la poche
du

du Gouverneur, & lui forme une rente de deux
mille cinq cent Louis d'or par an, auxquels on
ajoute encore très souvent des gratifications confi-
dérables qu'il a l'art de faire trouver justes par la
considération de la cherté des denrées.

Le Roi lui accorde en oûtre le privilege de faire
entrer dans ses caves une quantité considérable de
piéces de vin, franches de tous droits. Le nombre en est fixé à 100 pieces, regardées comme suffisantes pour la consommation du Château; mais
les Commis qui n'ont rien à refuser à un Gouverneur de Bastille, lui en laissent passer une quantité
bien plus forte, & ce bénéfice qui est immense
devroit sans doute réjaillir sur les Prisonniers, auxquels du moins l'on devroit donner du vin passa-
ble.

Mais qu'arrive · t'il ? l'avide Gouverneur qui se
moque bien des Ordonnances du Roi quand il
peut les éluder, vend son droit d'entrée à un Ca-
baretier de Paris qui lui paye pour cela deux mille
écus par an, & lui donne en échange du vin au
plus bas prix pour les prisonniers.

Les grandes tables, c'est - à dire l'ordinaire de
ceux dont le tarif est le plus haut, sont pour les
jours gras une soupe, le bouilli, une entrée, à diner : le soir une tranche de roti, un ragoût, une
salade. En maigre une soupe, un plat de poisson,
deux entrées ; le soir un plat d'œufs & un de légumes, le dessert du matin & du souper est un
biscuit ou une pomme ; enfin une bouteille de vin
par jour.

Les différences des tarifs moyens aux grands sont
bien peu de chose. Elles consistent dans un demi-
poulet de plus, ou un pigeon, ou un mauvais
quartier de lapin, ou quelques oiseaux fort avan-
cés.

Quant aux tables ordinaires, en voici le service
détaillé.

Le Dimanche à diner une soupe de bouillon de
corps de garde, une tranche de vache bouillie &
deux petits patés dont la cuisson n'est pas assez

soignée pour qu'ils puissent être bons ; le soir une
tranche de roti, veau ou mouton, un petit haricot
où les navets abondent & une salade. L'huile est
ordinairement de la plus mauvaise qualité ; elle
fait soulever le cœur, & seroit tout au plus bonne
pour les reverberes. Tous les soupers en gras sont
uniformes.

Le Lundi au lieu des petits patés, à midi, ce
sont deux cotelettes ou un haricot.

Le Mardi une saucisse, ou un pied de cochon,
ou une légere grillade de porc prétendu frais.

Le Mercredi une petite tourte dont le dedans
est rempli de restes de cuisine, & dont le dessus
est presque toujours brulé ou à moitié cuit.

Le Jeudi des tripes en ragoût, ou quelques vieilles
bribes de volaille qu'on ne pouroit pas garder
jusqu'au Dimanche suivant.

Le Vendredi, à diner une petite Carpe frite,
de la raie puante, de la morue, ou quelque friture
desséchée, accompagnée d'un plat d'œufs. A
souper des épinars ou autres légumes, & deux
œufs à la coque.

Le Samedi, la répétition de la veille ; & le
cercle invariable recommence le lendemain sans
aucun changement pendant les 52 semaines qui
composent l'année.

Le jour de la Saint Louis, de Saint Martin, &
des Rois, chaque Prisonnier a une augmentation
de portion, qui consiste dans un demi-poulet roti,
ou l'équivalent en autre chose. Le Lundi-gras on
donne une tourte chaude.

Chaque prisonnier a par jour une livre de pain
& une bouteille de vin qui, comme nous l'avons observé plus haut, est toujours mauvais & aussi aigre
que du vinaigre. Le dessert consiste en une pomme qui certes n'est pas choisie, quelques aman-
des ou raisins secs semés légerement sur le fond
d'une assiette. Rarement y a t'on des cerises
dans la saison ou des groseilles : cela seroit beaucoup trop délicat.

On est servi en étain ; il faut être un homme
d'im-

d'importance, un homme recommandé pour obtenir d'être servi en fayance à ses propres frais, & avoir cuillere & fourchette d'argent. Quant à l'etain qui est pour l'usage commun, il est impossible de se former une idée de la mal-propreté des assiettes & des plats. Dans les auberges & autres maisons publiques où par économie l'on se sert de ce métal, ordinairement on le récure une ou deux fois par an: mais à la Bastille on n'a pas le temps ou la volonté de s'en donner la peine. Les marmitons, tous occupés de la cuisine de M. le Gouverneur, ne regardent les prisonniers que comme les chiens de la maison, & pourvû qu'ils ne meurent pas précisément de faim, la gamelle dans quoi l'on jette ce qu'on leur donne est toujours assez propre.

Il y a des tables qui ne sont pas si dénuées quelque-fois que l'ordinaire qu'on vient de détailler, mais l'accommodage est en général si dégoutant, que l'abondance des mets n'est qu'un moyen de plus pour avoir mal au cœur. Il n'y a point de gargotte à 12 sols par repas où l'on ne soit mieux traité qu'a la Bastille. L'assaisonnement y est mauvais, tout a fait négligé, la soupe sans aucun suc, & les viandes de la moindre qualité. Cette lésine contribue à ruiner la santé des prisonniers; mais comme le Gouverneur n'a personne au dessus de lui pour tout ce qui concerne la nouriture, il faut en passer par là. Si quelqu'un hasarde quelques plaintes à cet égard: dès lors on le regarde de mauvais œil; les désagrémens pleuvent sur lui de toutes parts: Officiers, valets, tout est contre lui, & le Cachot finit souvent par être le résultat de son humeur indiscrette.

Les Officiers de l'Etat-Major n'ont aucune inspection quelconque sur le traitement physique des Prisonniers: cela regarde le Gouverneur seul, qui peut donner carriere à sa rapacité sans que personne ose s'en mêler. Autrefois quelques Prisonniers obtenoient de faire venir à manger d'un Traiteur du dehors, mais à présent cela n'est plus permis.

Un

Un des tourmens de l'imagination qui affectent
le plus ceux qui gémiffent à la Baftille, furtout
ceux qui ne fe fentent coupables de rien, & qui
ne font là que parce qu'ils ont le malheur d'être
l'objet de la vengeance de quelque fçélérat puif-
fant, c'eft la crainte d'être empoifonné : & affurément cette crainte n'eft pas tout à fait chimérique.

En effet, qui peut empêcher ces infâmes agens
du defpotifme de fe défaire par des voies obliques
de tel ou tel prifonnier, dont la mort eft néceffaire
à un Miniftre? Seroit-ce l'honneur ? affurément
aucun de ces gens-là n'en a point; & malgré la
croix de Saint-Louis dont les chefs de ces Brigands civils font décorés, tout le monde eft inti-
mement convaincu que le fcélérat qu'on mene à
la potence eft fouvent moins digne de l'opprobre
public que ces geoliers galonnés. Seroit-ce le
remords? l'habitude de la dureté, de la barbarie
ne laiffe plus entendre chez eux les cris de la
confcience : un crime de plus ou de moins eft une
bagatelle. Seroit-ce la crainte que le fecret en
fût découvert ? ils favent fort bien le contraire:
les affreux myfteres de la Baftille font plus impénétrables mille fois que ceux des anciens Hiérophan-
tes d'Egypte.

Qui peut donc raffurer un infortuné qui fait
qu'il a tout à craindre de fes ennemis, & que fa
mort eft ce qu'ils defirent le plus, parce qu'elle
voileroit toutes leurs iniquités? Le Miniftere lui-
même a fi bien fenti la poffibilité de ce crime,
qu'il a toujours été ordonné qu'un foldat fût mis
en faction dans la cuifine-même pour veiller à ce
que perfonne n'approchât des marmites & des four-
naux, & à ce que les Cuifiniers fiffent leur devoir
comme il convient. Aujourd'hui le Gouverneur a
eu le crédit de faire révoquer cette fentinelle in-
commode : & le moindre marmiton, que quelques
louis auront ébloui, peut mettre tout ce qu'il
veut dans chaque portion.

L'Etat Major fupérieur eft compofé de quatre
Officiers, l'inférieur de quatre Porte-Clefs, & la
fui-

cuisiné de quatre marmitons. Ces douze hommes favent tous quels font les prifonniers, malgré les ridicules minauderies (comme dit M. Linguet) avec lefquelles on feint de vouloir leur en dérober le fecret. Tous fortent, tous fe répandent dans Paris: ils y ont leurs maifons , leurs femmes, leurs amis , leurs connoiffances: eft-il donc fi difficile de trouver un fcélérat parmi cette troupe, qui pour de l'argent fe laiffât volontiers corrompre? Lui feroit-il difficile enfuite de diftinguer le plat deftiné à celui que l'on voudroit empoifonner? ou, pour parler fans detour, en eft il un feul parmi eux qui fit la moindre difficulté de fe prêter à tout ce qu'on voudroit, pourvû qu'il y eût un petit avancement à efpérer? De telles horreurs, dira-t'on ne peuvent guere fe préfumer; mais préfumeroit-on mieux toutes celles qui s'y paffent, & qui pour être moins éclatantes n'en font pas moins affreufes?

Chauffage de la Baftille.

En hiver les prifonniers, à taxe ordinaire comme au plus haut tarif, n'ont que fix petites buches à bruler par jour, le bois n'entre point dans le taux cité ci-deffus pour la nourriture, c'eft un article à part, & fur lequel le Gouverneur fait un profit encore plus inconcevable qu'on ne le peut dire.

Quelques Prifonniers fortement recommandés ont du bois à difcretion mais à leurs propres frais, c'eft-à-dire que le Gouverneur fournit aux dépens de la bourfe du patient, & qu'il a foin de faire porter au plus haut prix. Cette faveur, toute égale qu'elle devroit être en elle même, n'eft accordée qu'avec des peines infinies. Deux raifons s'y oppofent: prémierement l'intérêt du Gouverneur qui alors ne gagne pas autant que fur le bois fourni aux Prifonniers ordinaires; & en fecond lieu le murmure que cela peut occafionner parmi

les

les autres prisonniers qui pourroient s'en appercevoir, & prendre de là occasion de tourmenter les
Officiers pour obtenir la même grâce qu'on n'est
pas curieux d'accorder, à moins que l'on n'y soit
forcé par quelque recommandation supérieure.

Autrefois le bois se distribuoit sans compte &
sans mesure, eu raison de la consommation de
chacun; on ne chicanoit pas les prisonniers sur la
quantité de feu dont ils disoient avoir besoin pour
décoaguler leur sang engourdi par l'inaction; le
Prince vouloit qu'ils joüissent au moins de ce soulagement, sans en restraindre la dépense. L'intention est sans doute toujours la même, mais les
procédés ont changé. Le Gouverneur actuel a
fixé la consommation de chacun à 6 buches, grosses
ou petites, par jour, ainsi que nous l'avons dit;
ces buches n'ont que 18 à 20 pouces de longueur.
L'économe distributeur a soin de faire choisir dans
les chantiers ce qu'il est possible de trouver de
bois le plus mince, &, ce qui est aussi incroyable
que vrai, de plus mauvais. Il fait prendre de
préférence les fonds de piles, les restes de magasins, dépouillés par le temps & l'humidité de tous
leurs sels, & abandonnés par cette raison à bas
prix aux ouvriers tels que les *Brasseurs*, les *Bou-*
langers, à qui il faut un feu plus clair que substan-
ciel. —— Six de ces allumettes (dit fort plaisamment, mais avec vérité, M. Linguet) composent
la provision de 24 heures pour un habitant de la
Bastille. On demandera ce qu'ils font quand elle
est disparue; ils font ce que leur conseille en propres termes l'honnête Gouverneur: ils souffrent.

Il est arrivé quelque-fois qu'un prisonnier, dans
sa mauvaise humeur, ait voulu user de ces buches pour assommer le Porte-Clefs: dans la crainte
de voir renouveller de pareilles scènes, on a soin
de les donner si petites, si légeres qu'il n'y a plus
rien à craindre. Au reste pendant le service soit
des repas, soit du bois, il y a toujours une sentinelle armée au pied de chaque tour, & pendant
la messe un soldat est en faction à la porte.

D

Prome-

Promenades de la Bastille.

Cet article est un des plus curieux, & un de ceux où la barbarie du despotisme se fait le plus sentir aux infortunés prisonniers. C'est encore l'Auteur des Annales qui nous fournira les traits les plus frappans. Nous le mettons volontiers à contribution: égoïsme à part; n'attrappe pas sa manière qui veut.

A la Bastille, est on absolument privé d'air & d'exercice, *diront ceux qui ont lu les anciennes relations de ce Château,* & ceux-mêmes qui s'y sont promenés par curiosité: car on y admet les curieux: le Gouverneur, quoique logé au dehors s'y rend souvent pour recevoir ses visites: tous ses Collegues depuis le Lieutenant de Roi jusqu'au dernier marmiton y reçoivent les leurs: dans les jours de réjouissance, de feux d'artifices, d'illuminations, on reçoit sur les tours, & même en foule le public qui s'y rend pour jouïr du coup d'œil."

„ Dans ces occasions la Bastille n'offre que l'image du calme & de la paix. Tous ces spectateurs étrangers ignorent ce qui s'y passe, ce qui est renfermé sous ces voutes impénétrables dont ils admirent les déhors. Tel d'entre eux foule aux pieds le sépulchre de son ami, de son parent, de son pere qu'il croit à 200 lieues de lui bien tranquille, occupé de ses affaires ou de ses plaisirs."

„ Mais enfin tous ceux à qui l'on permet cette inspection extérieure, voyant un jardin assez vaste, des plates-formes très élevées, ou par conséquent l'air est pur, la vue pittoresque, & entendant assurer que tout cela, les jours ordinaires, est à l'usage des Prisonniers, sortent persuadés que si la vie n'est pas agréable à la Bastille, ces adoucissemens peuvent cependant la rendre supportable. Cela pouvoit-être autrefois; voici ce qui est arrivé depuis peu."

„ Le Gouverneur actuel est un homme ingénieux

nieux qui tire parti de tout : il a réfléchi que le
jardin pouvoit être pour lui un objet d'économie
intéreffant; il l'a loué à un jardinier qui en vend
les légumes & les fruits, & lui en paye une fomme fixe par an : mais pour n'être pas gêné dans
fon marché, il a cru qu'il falloit en exclure les
prifonniers; en conféquence, il eft venu une Lettre fignée *Amelot* qui défend le jardin aux prifonniers."

„ Quant aux plates - formes des tours, quoique
à l'élévation où elles font, il foit à peu près im-
poffible d'y être reconnu ou de reconnoître : cependant comme elles donnent fur la rue Saint Antoine dont on n'a pas encore chaffé le public, on
ne permettoit ci - devant aux prifonniers de s'y
promener que fous l'efcorte d'un des geoliers de la
maifon, foit Porte - Clefs, foit Officier ; ils ont
trouvé dans ces derniers temps, c'eft - à - dire depuis environ trois ans, que ces corvées les gê-
noient. D'ailleurs il en réfultoit des converfations
avec le factionnaire. La vigilance du Gouverneur en a pris l'allarme. En partie par condefcen-
dance pour la pareffe de fes collegues, en partie
par égard pour fes foupçons, il eft venu une feconde Lettre fignée *Amelot* qui interdit les plates - formes comme le Jardin."

„ Refte donc pour la promenade la Cour du Château, qui eft un quarré long de feize toifes fur dix.
Les murailles qui la ferment ont plus de cent pieds
de haut, fans aucune fenêtre : de forte que dans
la réalité c'eft un large puits, où le froid eft infupportable l'hiver, parce que la bife s'y engouffre :
l'été le chaud ne l'eft pas moins, parce que l'air
n'y circulant pas le foleil en fait un vrai four. C'eft
là le *Lycée* unique où ceux des prifonniers à qui
l'on en accorde la faculté (car tous ne l'ont pas)
peuvent chacun à leur tour venir dégorger pendant quelques momens l'air infect de leur habitation."

„ Mais il ne faut pas croire que l'art de mar-
tyrifer qui rend, à la Baftille, les heures fi doulou-

reufes

reufes fe relâche même pendant ces courtes abfen-
ces.   D'abord on conçoit quelle forte de promenade ce peut - être qu'un femblable efpace , fans abri
quand il pleut, où l'on n'éprouve des élémens ex-
térieurs que ce qu'ils ont de facheux; où dans
l'apparence d'une ombre de liberté, les fentinelles
dont on eft entouré, le filence univerfel, & l'af-
pect de l'*Horloge* à laquelle feule il eft permis de
le rompre, ne rappellent que trop la fervitude."

„ C'eft une remarque curieufe. L'horloge du
Château donne fur cette Cour. On y a pratiqué un
beau cadran : mais devinera - t'on quel en eft l'or-
nement, quelle décoration l'on y a jointe ? Des
fers parfaitement fculptés.   Il a pour fupport deux
figures enchaînées par le col, par les mains, par
les pieds, par le milieu du corps: les deux bouts
de ces ingénieufes guirlandes, après avoir couru
tout au tour du Cartel, reviennent fur le devant
former un gros nœud, & pour prouver quelles
menacent également les deux fexes, l'artifte guidé
par le génie du lieu, ou par des ordres précis , a
eu grand foin de modéler un homme & une femme.

Voila le fpectacle dont les yeux d'un prifonnier
qui fe promene font recréés.   Une grande infcrip-
tion en marbre noir lui apprend qu'il en eft rede-
vable à M. *Raymond Gualbert de Sartines*," jadis
Lieutenant de police de Paris, qui enfuite a fauté
à pieds - joints au Miniftere de la Marine, & qui
aujourd'hui n'eft plus rien du tout.

Quelques reproches de Plagiat qu'on puiffe nous
faire, nous ne pouvons nous difpenfer de continuer
ce récit de M. Linguet.   Il offre des particularités qu'on ne trouve nulle part ailleurs fur cet article, & cet endroit eft le plus agréable de fes
Mémoires.

„ Ne penfez pas , *ajoute l'Ex-Avocat* , que le
prifonnier jouiffe de cette vue autant qu'il le voudroit ; on mefure avec économie le temps où il
lui eft permis de venir y lever les yeux vers le ciel
qu'il ne découvre qu'à moitié.   Cette mefure dépend du nombre des afpirans.   Comme l'un ne
                                                    def-

descend jamais que l'autre ne soit remonté, & que grâces aux Lettres signées *Amelot*, cet entonnoir commun est le seul qui leur reste à partager, si la Bastille est fort peuplée les portions sont plus petites. Je m'appercevois de l'arrivée d'un nouvel hôte, ou d'un nouveau promeneur, par le contingent que l'on me faisoit fournir à ses plaisirs".

„ Mais gardez-vous d'imaginer encore que la jouissance de ce soulagement ainsi modifié soit paisible & complette. Cette Cour est l'unique chemin de la cuisine; c'est par là que passent les pourvoyeurs de toute espece, les ouvriers &c. Or comme il faut surtout qu'un prisonnier soit invisible & qu'il ne voye rien, quand il se présente des étrangers, on l'oblige de s'enfuir dans ce qu'on appelle le *Cabinet*: c'est un boyau de douze pieds de long sur deux de large pratiqué dans une ancienne voute. C'est là qu'il faut se receler au plus vite, à l'approche d'une botte d'herbes, avec le soin d'en fermer scrupulement la porte sur soi; car au moindre soupçon de curiosité, la moindre punition seroit une cloture absolue : & ces alternatives sont fréquentes; j'ai souvent compté que sur une heure, durée de la plus longue promenade, il y avoit trois quarts d'heure consumés dans l'inaction humiliante & cruelle du *Cabinet*."

A propos de ce Cabinet, n'oublions pas l'histoire des bains de Madame la Gouvernante; elle vaut la peine d'être répétée.

„ Qu'une femme de Gouverneur se lave dans un lieu ou dans un autre, rien ne semble plus indifferent, mais à la Bastille tout a des conséquences douloureuses."

„ La Baignoire de *Madame* étant placée dans l'intérieur du Château, pour y parvenir il faut traverser la Cour, et par conséquent le seul espace qu'aient les Prisonniers pour se promener. Mais ce sont ses laquais qui portent l'eau, il faut qu'ils entrent & qu'ils sortent; par conséquent chaque voie entraine pour le promeneur un ordre de se renfermer au Cabinet."

D 3

„ En-

,, Enfuite viennent les femmes de chambre, il faut porter les *chemifes*, les *ferviettes*, les pantou-fles de *Madame*: tout feroit perdu fi le reclus ap-percevoit le moindre de ces *fecrets de l'état*. Cha-que importation produit donc encore un ordre du *Cabinet*."

,, Enfin arrive *Madame* elle-même: elle n'eft pas légere, fa marche eft un peu lente: l'espace à parcourir eft un peu long: le Sentinelle, pour fai-re fa cour & prouver fon exactitude, crie *Au Ca-binet* dès qu'il l'apperçoit; il faut fuir, il faut s'en-fermer jusqu'à ce qu'elle foit rendue à fa baignoire; & quand elle fort, fa retraite eft accompagnée des mêmes formalités. Il faut fupporter de nouveau, dans le *Cabinet*, la maitreffe, les femmes de cham-bre & les laquais."

,, De mon temps le Sentinelle, dans un de ces paffages, ayant oublié de heurler le fignal de la fuite, la moderne *Diane* fut vue dans fon déshabil-lé: j'étois l'*Acteon* du jour: je n'effuyai point de métamorphofe; mais le malheureux foldat fut mis en prifon pour huit jours: je ne pus l'ignorer, puisque j'en entendis donner l'ordre."

,, Ailleurs les bains donnent de la fanté ou pré-parent des plaifirs. Une Gouvernante de Baftille n'a point de crife de propreté qui n'en entraîne plufieurs de défespoir."

,, Cette hiftoire du Cabinet décrite fi plaifam-ment par M. Linguet n'eft que trop vraie. Avec cette indigne fujettion les *Promenades* font plutôt un fupplice qu'une récréation; & mieux vaudroit fans doute laiffer un homme dans fa chambre, que d'en faire une marionette traitée fi impertinem-ment. Arrive-t'il que le Gouverneur donne un grand diner (ce qui lui eft bien facile, aux dé-pens de fes Pigeonneaux) alors on vous dit net-tement qu'il n'y a point de promenade. Les chiens de baffe-cour d'un Garde-chaffe ou d'un Fermier font-ils conduits avec plus d'infolence? Et que doit-on penfer du fcélérat qui s'embaraffe peu pour fon plaifir d'aggraver les chagrins, les peines,

nes, le défespoir de tant de perfonnes qui languiffent fous le poids de fes caprices, & dont le
dernier vaut mille fois mieux que lui?

Pour apprécier combien eft cruelle la privation
de quelques heures de promenade par jour, lorsqu'on eft renfermé pendant des mois, des années
entieres, il faudroit faire réflexion aux effets phy-
fiques qui réfultent d'une refpiration continuelle du
même air : il faudroit penfer un peu au défespoir
habituel d'un homme qui n'a aucune diftraction extérieure: alors fans doute un Gouverneur, humain,
jufte, honnête facrifieroit volontiers fes plaifirs au
moment de bonheur qu'il pouroit procurer aux infortunés que le Gouvernement lui confie. Mais il
faudroit fuppofer une ame fenfible, un cœur capable de fentimens d'humanité: & c'eft précifé-
ment le contraire de ce qu'eft ordinairement un
Gouverneur de Baftille. La plupart ont été des
hommes fans naiffance, parvenus à cette place
lucrative par des moyens honteux, & qui les mettent dans la néceffité de voler, pour remplir les
engagemens qu'ils ont pris avec ceux qui ont in-
trigué pour leur procurer cet emploi.

Le Gouverneur actuel M. *de Launay* eft peut-être,
de tous ceux qui l'ont occupé jufqu'à préfent, le plus
avare, le plus infenfible aux maux de l'humanité, &
par deffus tout le plus infolent de tous les gens de
rien parvenus. Il n'y a guerre que M. de *Rou-*
gemont Commandant de Vincennes qui puiffe lui
être comparé. Nous en dirons un mot.

Etat-Major de la Baftille.

Cet Etat-Major confifte en un Gouverneur dont
la place vaut, oûtre fes apointemens de la Cour,
plus de 60,000 livres de rente qu'il gagne, ou plutôt qu'il vole, fur la nouriture des prifonniers. Un
Lieutenant de Roi dont le brévet eft de foixante
mille livres & qui en retire cinq mille francs par
an; un Major à 4000 Livres d'apointemens; un
Aide-Major à 1500 Liv. & un Chirurgien à 1200

 Liv.

Liv. Ce dernier fait des profits immenses sur les remedes qu'il fournit & dont le Roi fait les frais. Le Médecin ne demeure point dans le Château; il loge aux Thuilleries, c'est à dire à une lieue de la Bastille; & l'on sent bien que ce Docteur est un homme trop important pour faire beaucoup de cas de son service: il a ses affaires, ses plaisirs, ses visites; sa place n'est qu'un titre dont les fonctions ne le touchent guetes, & quand un prisonnier est malade, il trouve toujours que ce n'est rien, pour ne pas multiplier ses courses dont le nombre ne lui produit rien parce qu'il est payé à l'année.

Le Gouverneur actuel DE LAUNAY regarde comme son bien propre, comme un vrai patrimoine, dit l'Auteur des Annales, les 60,000 livres de rente qu'il tire par son emploi; & il en a quelque raison, car il les a *achetées*, & même assez chèrement.

1°. Il en a obtenu la survivance du temps du précédent Gouverneur M. de *Jumilhac*; mais celui-ci pour se déterminer à accepter un coadjuteur, a exigé cent mille écus comptant qui lui ont été payés; & de plus le mariage de son fils avec la fille de M. *de Launay*, regardée comme une riche heritiere, ce qui a eu lieu.

2°. M. *de Launay*, malgré cet accord, n'ayant pour lui ni nom, ni services, ni agrémens, ni même de protections, auroit encore pu essuyer un refus: heureusement il avoit un frere au service de M. le Prince de Conti. Ce frere a obtenu l'intervention du Prince qui a eu le consentement du Ministre dont les Commis ont expédié les patentes signées *Amelot*; & pour payer la recommandation de son cadet, l'heureux aîné lui a assuré une pension de dix mille livres par an sur les revenus de sa place.

Ce marché est tout public à la Bastille: il n'y a pas un des marmitons qui n'en soit instruit; & pourquoi s'en scandaliseroit-on? tous les emplois qui y existent en occasionnent de semblables. Celui de Lieutenant de Roi, vaut, avec le tour de

bâton

bâton, environ 8000 Liv. par an. Le poffeffeur
actuel en a donné à fon prédeceffeur une fomme
comptant, & de plus une penfion annuelle de mille écus.

Les emplois des Porte-clefs valent à peu-près
900 livres par an; ce font ordinairement, ainfi
que nous l'avons dit, d'anciens laquais du Gouverneur; ainfi c'eft pour les récompenfer qu'on
les fait boureaux; mais ils n'obtiennent pas encore gratuitement ce fruit honteux de leurs fatigues
paffées. Il n'y en a pas un qui ne foit obligé de
faire en entrant un préfent ou une rente à quelque protégé ou protégée.

.Enfin le *blanchiffage* même eft l'objet d'un tri-
potage de cette espece. La Blanchiffeufe en titre reçoit du Roi environ 3 fols par chemife: elle afferme fon brévet à un fous-traitant qui lui
en laiffe le tiers, & qui gratte le linge des reclus
à deux fols par piece.

Voila comme fe fait le fervice du Roi & celui
des Prifonniers: Voila comment fe maquignonent
ces emplois *de confiance!* Voila à la discrétion de
qui eft remife la vie d'un homme innocent, qui
n'a à fe reprocher que le malheur, plus fouvent
attaché à la vertu qu'au crime, d'avoir des ennemis nombreux & puiffans! *Mém. fur la B.....*

Il n'y a gueres plus de 30 ans que l'Etat-Major de la Baftille exifte fur le pied actuel. Anciennement le Gouverneur & le Lieutenant-de-
Roi étoient les feuls à la nomination de la Cour.
Les autres officiers étoient nommés par le Gouverneur qui pouvoit les deftituer à fa volonté: ils
avoient fous eux des archers de Compagnies franches, des bourgeois foldés par le Gouverneur,
pour la garde du Château. M. d'Argenfon leur
fit fubftituer un Etat-Major, avec une Compagnie d'invalides de cent hommes qui ont à leur
tête deux Capitaines & un Lieutenant lesquels
font fort bien payés. Quand aux foldats leur paye
eft de 10 fols par jour; ils font entretenus de fel,
chandelle, bois, linge, & fouliers. Les foldats ne

D 5

peu-

peuvent découcher fans la permiſſion du Gouverneur.   Pluſieurs l'obtiennent, les autres font le
ſervice des abſens qui leur abandonnent la moitié
de leur paye.

Aucun des officiers ne peut diner dehors ſans
permiſſion, ni découcher ſans un congé du miniſtre.

Le Major eſt chargé de tout ce qui regarde la
Correspondance, & a le détail de la plume.   Il
dreſſe tous les mois les comptes; il en remet le
double au Miniſtre dans le département duquel
eſt la Ville de Paris, ainſi qu'au Controleur - général des finances, & au Lieutenant de Police. Ces
comptes préſentent le tableau du nombre des priſonniers, de leurs noms & le calcul des dépenſes.
Cet officier reçoit l'argent du Controleur-Général
& fait les payemens.   La dépenſe générale monte par mois, l'un dans l'autre, à 60 mille livres,
dans lesquelles ne font point compris les appointemens ni gages de perſonne.

Par le tableau que nous avons donné ci - deſſus
de la maniere dont les Priſonniers font nourris &
meublés, on peut ſe faire une idée du bénéfice
énorme que le Gouverneur & le reſte de la féquel-
le font annuellement ſur ce qu'ils appellent leurs
pigeonneaux.   Il n'y a pas un de ces gens-là qui
ne trouve que la Baſtille eſt la plus belle invention du monde; plus leurs cavernes font pleines,
plus ils redoublent de gain; & l'on peut bien
s'imaginer s'ils font portés à faire le moindre effort
pour procurer une liberté plus prompte aux malheureux dont la détention eſt pour eux un profit
ſi clair.

Le Major eſt encore chargé du Livre d'entrée
& de celui de ſortie.   Le premier contient le nom
& la qualité de chaque Priſonnier, le *numéro* de
l'appartement qu'il occupe, & la liſte de ſes effets
dépoſés dans la caſe du même *numéro*.   On ſe ſou-
vient qu'à coté de la *Salle du Conſeil* nous avons
dit qu'il y avoit une vaſte Piece qui ſervoit de dépôt pour les effets des Priſonniers: Cette Piece
eſt

est remplie d'armoires très grandes, distribuées par cases, étiquettées des mêmes *numéros* que les chambres du Château.

Le Livre de sortie contient une formule de serment de ne rien révéler de tout ce qu'on a vu, sçu, & entendu à la Bastille; (il y a bien de la bonté, pour ne pas dire de la sotise, à imaginer qu'un homme une fois sorti de ce gouffre affreux se croye lié par cette ridicule cérémonie! Si les loix les plus sacrées ont été enfraintes sans difficulté contre lui; un serment ainsi extorqué est-il en droit de le retenir un moment? Il faut avouer que le despotisme est bien gauche) de plus, une formule de protestation de fidélité, de respect, de soumission & de reconnoissance (celui-là est fort) pour le Roi; d'assurance que les faits qui ont compromis le Prisonnier ont été l'effet de l'erreur seule de l'esprit; d'actions de grâces de ce que Sa Majesté ne l'a pas livré à des *Commissaires Extra-ordinaires*; enfin d'une accusation d'avoir reçu tous ses effets, argent &c. (Un pauvre prisonnier trop heureux, trop content de décamper, ne se fait pas prier pour signer tout ce qu'on veut: que le compte soit juste ou non, il est bien trop pressé pour y regarder de si près; il a encore trop peur pour oser dire un mot, & les Dogues de la Bastille ont bon marché de sa facilité, pour s'approprier ses dépouilles.) Ce protocole doit être signé par chaque Prisonnier à l'instant de son départ.

Un troisieme Livre, en feuilles détachées, contient les noms des Prisonniers & le tarif de leur dépense. C'est le relevé de ce Livre qui passe tous les mois sous les yeux du Ministre.

Quant au regîstre du détail de la dépense journaliere, il n'est vu que par le Gouverneur, c'est le Chef de cuisine qui le tient: le Major n'y a aucune inspection.

Enfin le quatrieme Livre est un *in folio* immense, ou plutôt une suite de cahiers qui augmentent journellement. Ces cahiers sont renfermés dans

un grand carton ou porte feuille en maroquin fer-
mant à clef. Les pages en sont diſtribuées par
colonnes dans l'ordre ſuivant: (Ce Livre eſt véritablement trop curieux pour ne pas donner le précis de la maniere dont il eſt tenu.)

Ie. *Colonne.* Noms & qualités des Priſon-
     niers.

IIe. *Col.* Date des jours d'entrée des Pri-
     ſonniers au Château.

IIIe. *Col.* Noms des Secretaires d'Etat qui
     ont expédié les ordres.

IVe. *Col.* Date de la ſortie des Priſonniers.

Ve. *Col.* Noms des Secretaires d'Etat qui
     ont ſigné les ordres d'élargis-
     ſement.

VIe. *Col.* Cauſes de la déténtion des Pri-
     ſonniers.

VIIe. *Col.* Obſervations & Remarques.

Le Major peut remplir de lui-même les cinq premieres Colonnes, ainſi que la ſeptieme. Quant à
la ſixieme, il ſuit les indications que le Miniſtre
ou le Lieutenant de Police lui donne. S'il étoit
poſſible de jetter un coup d'œil furtif ſur ce livre,
que de choſes étonnantes & ſingulieres n'y verroit-
on pas? Mais il n'eſt guere probable, malgré la
certitude du ſecret, que le Miniſtre ſoit ſincere
dans ce qui regarde les articles de la VIe. Colonne: il auroit trop ſouvent à rougir de lui-même;
il y fait coucher quelques menſonges, ou ce qui
eſt encore plus commode, il n'y fait rien mettre
du tout, & cet endroit de la Colonne reſte en
blanc.

Mais comment ce même Miniſtre ne ſent-il pas
que ce ſilence du Livre doit l'accuſer lui-même
un jour aux yeux de la poſtérité? Eſt-il d'autre
          cauſe

caufe à affigner que le caprice ou la vengeance, lorsque le regiftre n'en préfente aucune autre? On ne dira pas qu'il y a des caufes d'emprifonnement qu'il faut taire: Car s'il eft quelque-fois néceffaire, pour certaines raifons, de cacher au public quelques crimes fecrets, au moins la vérité devroit-elle être expofée dans tout fon jour fur le livre confacré à cet objet: ne fût-ce que pour la juftification future du Miniftere qui, malgre fon pouvoir fans bornes, n'eft pourtant pas encore parvenu à donner fa fimple volonté pour loi. Mais ces confidérations délicates ne font pas faites pour être fenties par des hommes en place éblouis de leur pouvoir. Le malheureux qui fe trouve fur leur chemin eft moins que l'infecte qu'ils écrafent fous leurs pieds. D'un trait de plume que leurs doigts vindicatifs tracent, fouvent en fortant des bras d'une femme perfide & corrompue qui les excitent, ils fignent froidement l'infortune d'un citoyen honnête qui aura dit trop haut fa maniere de penfer fur leur compte; & l'on comprend bien que dans un cas de cette espece on a foin de *mettre en blanc* les caufes de la détention.

L'hommage que nous devons à la vérité nous force cependant de convenir qu'aujourd'hui ces exemples font beaucoup plus rares; grâces à la vigilance paternelle du Monarque qui règne fur la France, & aux fentimens d'humanité qui commencent à percer jusques . . . *jusques dans les Bureaux.*

La feptieme Colonne, deftinée aux *Obfervations & Remarques*, contient l'hiftorique des faits, geftes, caracteres, vie, mœurs & fin des Prifonniers. Ce font des especes de Mémoires fecrets dont la vérité dépend du jugement droit ou faux, de la volonté bonne ou mauvaife du Major, qui le plus fouvent n'eft rien moins qu'un philofophe, rien moins qu'un obfervateur impartial, rien moins qu'un officier de mérite, rien moins qu'un homme jufte & fincere.

Ce Livre eft d'une invention du Sieur *Chevalier*

qui

qui occupoit la place de Major de la Baſtille en 1774. Le Miniſtere l'ayant chargé d'écrire l'hiſtoire ſecrette de ce Château depuis ſon origine, il a remonté jusqu'aux découvertes les plus reculées qu'il a pu faire dans le dépot des Archives. Quand une feuille eſt remplie, elle entre dans ce dépôt, où tout eſt conſervé pour la poſtérité qui n'y trouvera pas toujours le vrai qu'elle y croira voir. Il y a un archiviſte apointé.

Il entre encore dans les fonctions du Major de réunir dans un Regiſtre à part tous les ordres donnés ou adreſſés au Gouverneur de la Baſtille, toutes les lettres des Miniſtres & celles de la Police : le tout eſt ſoigneuſement recueilli, & ſe retrouve au beſoin.

Avant de terminer cet article ſur l'Etat-Major de la Baſtille, il faut tenir la promeſſe que nous avons fait plus haut au Lecteur de lui donner quelques détails ſur le Commandant de la Priſon ou Château de *Vincennes*. Cette petite digreſſion ſervira de piéce de comparaiſon, & ne nuira point à l'intelligence du reſte. C'eſt partout le même eſprit d'avarice & de barbarie, partout la même inhumanité envers les Priſonniers nommés d'Etat : C'eſt dans l'Ouvrage récent, intitulé : des *Lettres de Cachet & des Priſons d'Etat* que nous allons puiſer la matiere de ce court épiſode.

Cet homme (*M. de Rougemont, l'archetype de M. de Launay*) a toute la bouffiſſure de la plus orgueilleuſe ignorance : c'eſt un ballon rempli de vent. Pénétré du ſentiment de ſa propre importance, il voudroit l'infuſer à tous les autres, & ſe faire regarder comme un homme eſſenciel & néceſſaire à l'Etat. Il le dit, il le croit même, tant la bêtiſe eſt préſomptueuſe, ou tant l'habitude de mentir incorpore le menſonge au menteur. Comme la vanité n'eut jamais un plus dégoutant coſtume, il reçoit de fréquentes avanies de tous ceux qui ne lui ſont point ſubordonnés, & ſes prétentions toujours repouſſées, renaiſſent toujours du ſein des humiliations.

tions. Comment s'en dédommage-t'il? en faisant courber sous le poids de ses caprices tout ce qui est dans sa dépendance...... Il va trainant partout son énorme corpulence: les sarcasmes pleuvent sur lui; n'importe, il continue en bourdonnant son assoupissante allure (comme dit Pope): le railler, c'est fouetter un sabot. Mais au Donjon de Vincennes c'est un despote absolu qui jouit de la volupté la plus grande pour lui, lorsqu'il peut ouvrir & fermer des cachots, river des chaînes, appesantir un sceptre de fer .... A la moindre apparence d'une contradiction il entre en fureur, il écume. Soyez ferme, bientôt il devient lâche & rampant: vous n'obtiendrez à-la vérité que de vaines promesses, mais du moins il vous craindra. Si vous fléchissez, il vous opprimera; & si vous lui donnez prise, il vous étouffera.

Dès le premier moment de son règne, il prédit que tout changeroit au Donjon de Vincennes, & tout a changé (1). A force d'intrigues il a écarté tout ce qui pouvoit le surveiller. Ces magiques paroles LE SECRET, LA SURETÉ, lui ont suffi pour bouleverser cette maison. Il semble à l'entendre que tout seroit perdu & l'état en danger, si l'on savoit le nom d'un prisonnier. Si ce geolier le pouvoit, leurs poëles leur serviroient de prison.

On

____

(1) Hélas! oui, tout y est bien changé! Rappellons au Lecteur, à ce sujet, ces beaux vers de la Henriade.

Que vous êtes changé, séjour jadis aimable!
Vincennes, tu n'es plus qu'un Donjon détestable,
Qu'une Prison d'Etat, qu'un lieu de désespoir,
Où tombent si souvent du faîte du pouvoir
Ces Ministres, ces grands qui tonnent sur nos têtes,
Qui vivent à la Cour au milieu des tempêtes,
Oppresseurs, opprimés, fiers humbles tour à tour,
Tantôt l'horreur du peuple & tantôt son amour.

On croiroit à voir ſes inquiétudes, vraies ou fein-
tes, que c'eſt un ouvrage bien difficile que de garder des hommes enfermés dans un château où les
précautions pour la *fermeture* ſont pouſſées à un
degré exceſſif.

Une fois dans le mois, & ſouvent moins encore, cet homme va par déſœuvrement viſiter quelques priſonniers dans leur chambre. Lui parle-t'on
de la nouriture (qui eſt tellement déteſtable que
les ramoneurs-mêmes refuſent d'acheter les reſtes)
il ſe recrie: *ab, Monſieur, vous êtes le ſeul qui vous
plaigniez. En vérité vos murmures m'étonnent, je
ne mérite pas ce procédé; j'ai des attentions uniques,
je ne crois pas qu'il y ait de fraude: les Porte-Clefs
ſont d'honnêtes gens; d'ailleurs je les ſurveille de
près.* . . . . Vraiment il eſt bien queſtion des
Porte-Clefs! Où pouroient-ils trouver des ali-
mens plus mauvais pour les ſubſtituer à ceux que
fournit ce faquin. . . . . . Inſiſtez-vous? il prétend que c'eſt humeur, injuſtice, en un mot que
vous êtes un *Frondeur*: car dans ſon opinion ſe plaindre de lui, c'eſt ſe plaindre du gouvernement. . . . . .
Je représente le Roi, diſoit-il un jour à un
priſonnier ――― Vous, Monſieur ――― Oui,
moi. ――――― Le priſonnier le fixe, le meſure du
haut en bas, (le trajet n'eſt pas long) & s'écrie:
Ma foi, il eſt grotesquement repréſenté. On peut
penſer ſi le ſarcasme a été payé: un lâche fripon
ne pardonne guere . . . . . . mais quoi! parce que
le voleur eſt inſéparable de l'homme, l'homme eſt
inſéparable de la place! A ce compte, quelles in-
famies ne pullulleront point à l'ombre de l'autorité? Biſare conduite, d'unir ainſi ce qu'il y a de
plus vil & de plus reſpectable!

Si le priſonnier que viſite M. de *Rougemont* eſt
un homme qui ne lui diſpute rien, qui ne lui demande rien, qui ſouffre en ſilence: le Commandant s'épuiſe en offres de ſervice; il promet tant,
qu'il ne ſauroit tromper. Eh! comment trompe-
roit-il ceux qui le voyent ſi barbarement vorace,
ſi impitoyablement dur dans les choſes mêmes les
plus

plus indifférentes à la sureté, & qui ne lui coûtent rien ?

Que la nouriture ſoit exceſſivement mauvaiſe, que M. de *Rougemont* faſſe à cet égard les gains les plus illicites : encore cela peut-il s'expliquer. Cet homme manque d'ordre & d'intelligence. Conſtamment aiguillonné par la vanité, il veut dépenſer & ne ſait pas compter. Jamais il n'a d'argent (avec 30,000 livres de rente) jamais de proviſions, jamais d'exactitude à remplir ſes engagemens : il éſt donc obligé de fermer les yeux ſur les brigandages de ſes valets. C'éſt le tonneau des Danaïdes qui toujours rempli s'écoule toujours. Tout cela ſe comprend. Mais pourquoi des barbaries gratuites & ſtériles? Si ce n'éſt parce que faire du mal éſt ſa plus douce jouiſſance; parce que ſon ame, ſi ce miſerable en a une, éſt un compoſé de barbarie, d'orgueil, & de petiteſſe. Qu'on diſe, par exemple quel peut-être le but d'un homme qui, voyant de beaux fruits dans le jardin des priſonniers, fait abattre les arbres qui les portent? Et remarquez que ce n'éſt pour aucune raiſon plauſible même d'avarice; car il laiſſe pourir les fruits, & fait ſcier les arbres au pied, au lieu de les transplanter. Qu'on diſe à quoi bon détruire de belles couches de fleurs, & empêcher ces malheureux de les cultiver, même avec une beche de bois?

Un priſonnier demande un miroir. —— CE N'EST PAS LA REGLE. —— Mais fait-on des bréches, enfonce-t'on des portes avec un miroir? —— N'importe, on peut correspondre. —— Mais avec qui? Ma fenêtre éſt bouchée avec une trémie; je ne vois que les astres. —— CE N'EST PAS LA REGLE, —— Mais fixez-le contre le mur & donnez-le moi ſi petit que vous voudrez. —— CE N'EST PAS LA REGLE. —— Mais, Monſieur..... —— CE N'EST PAS LA REGLE: & puis mon brutal vous plante-là.

Les malles d'un Priſonnier contiennent des effets qui lui ſont indiſpenſablement néceſſaires. Peut-être manque-t'il de *bas*, de *Culottes*? Que ne lui donne-t'on ce dont il peut jouir ſans danger pour la ſureté de la priſon ? ———— Mais il faut faire un inventaire. ———— Eh! pourquoi cet inventaire? Volera-t'on ce priſonnier dans une chambre ſi bien fermée? ———— LA REGLE, Monſieur, LA REGLE, l'ordre, la probité, l'honneur! ———— Eh bien, ſcrupuleux Geolier, faut-il beaucoup d'heures pour dreſſer cet inventaire?......Ah, vraiment des heures! des mois ne ſuffiſent pas. Ces malles ont des Serrures, des ferremens, il faut les dépeçer. ———— Eh bien, faites appeller un Serrurier. ———— Demain, la ſemaine qui vient: on a bien le temps, ma foi, de s'occuper de toutes vos fantaiſies dans une place qui demande tant de ſoins, où il faut courir ſans ceſſe. ———— Comment, *Courir*? Et moi, je croyois bonnement que de tous les poſtes c'étoit le plus ſédentaire. ———— Quoi! ne faut-il pas être à Paris, à la Cour, obſerver, propoſer, rendre compte, *travailler avec le Miniſtre, avec le Maitre* (expreſſions favorites de cet impertinent) ———— Soit; mais pourtant les habits de tel priſonnier tombent en lambeaux. ———— Qu'importe? Voit-il quelqu'un? ———— Oh! non: mais enfin on aime être vêtu, ne pas geler de froid, être propre. ———— Eh bien on verra...... helas! quand? Dieu, mais Dieu ſeul le ſait.

 Ce n'eſt pas tout. ———— Ces malles infortunées contiennent des livres........Des livres! Bon Dieu! des livres!.... Les voila proſcrites à jamais. Des livres étrangers n'entrent point dans le Donjon de Vincennes; fut-ce l'*imitation de Jeſus-Chriſt*. On auroit trop peur que celle de *Beaufort* ne fût à coté (2).

Dans

———

(2) Pendant les troubles de la minorité de Louis XIV, le Duc de Beaufort fut mis à Vincennes & trouva le moyen de s'en ſauver. Le Prince de Condé, le Prince de Conti & le Duc de Longueville y furent auſſi renfermés par les intrigues du Cardinal Mazarin. Le Prince de Conti qui s'amuſoit à lire demandoit entre autres livres l'*Imitation de J. C.* & moi, dit le Grand Condé, je voudrois l'*Imitation de Beaufort*. ———— Le Grand Con-

Dans une altercation assez vive avec un de ses préposés qui se reclamoit du Lieutenant de Police, il eut la sotte assurance de dire *qu'il ne travailloit qu'avec le Maitre & avec ses ministres.* „ Je ne le „ savois pas, repliqua froidement celui qui dispu- „ toit; mais comme je ne suis point appellé à de „ si hautes destinées, vous trouverez bon que je „ me mette sous la protection de mon supérieur „ immédiat, & que je le fasse juge entre nous". À l'instant le Commandant qui eut peur, le caressa, l'appaisa, & lui accorda tout ce qu'il voulut. C'est ainsi que des gens qui n'ont rien à se reprocher, & qui sont à même de se faire entendre, sont bien sûrs de mettre à la raison un misérable qui n'a d'autre sauve-garde que le silence auquel il voudroit réduire tous ceux qui ont affaire à lui.

Mais de malheureux prisonniers, que feront-ils? La plupart d'entre eux tremblent quand on leur prodigue ces mots imposans de *Ministres*, de *Maîtres*: ils se prosternent devant leur geolier dont ils admirent avec terreur l'importance & le crédit..... *J'en parlerai au Roi*, disoit *Bontems*; & cette habitude étoit si forte en lui qu'un Courtisan lui ayant demandé des nouvelles de sa femme, il répondit: *j'en parlerai au Roi.* Au moins ce ridicule ne faisoit de mal à personne; mais quand M. de *Rougemont* renvoie un Porte-Clefs qui l'a guetté inutilement huit jours de suite pour lui communiquer la demande d'un Prisonnier, en lui disant: *Je n'ai pas le*

Condé passoit son temps à jurer, & à cultiver des oeillets en pots dont on a longtemps conservé des marcottes. On appella ces oeillets les panaches du Grand Condé. La célèbre Mademoiselle de Scuderi étant allée à Vincennes, on lui fit voir ceux que ce Prince avoit lui-même cultivés; elle fit cet impromptu.

En voyant ces oeillets qu'un illustre guerrier
Arrosa d'une main qui gagna des batailles,
Souviens-toi qu'Appollon bâtissoit des murailles,
Et ne t'étonne plus que Mars soit jardinier.

le temps, le Ministre m'attend: Croit il que le prisonnier soit fort satisfait de ce *Lazzi*?

Un reclus de ce triste repaire veut se faire raser
la tête: le Chirurgien-Major n'ose le faire sans
permission; il la demande, le Commandant lui répond gravement *j'en parlerai au Ministre:* à la
bonne heure, ce n'est là qu'une petite contrariété
pour le prisonnier. Mais un autre est déchiré de
coliques néfrétiques, des bains lui sont absolument
nécessaires; on cherche M. de *Rougemont*, on le
guette, on lui écrit, on le joint enfin: on lui expose le cas: *Je demanderai des ordres,* dit-il froidement. —— Mais Monsieur, vingt quatre heures
peuvent décider de la vie de cet homme. ———
Tant pis, répond-il, *mais je n'innoverai rien sans
ordre.*

A la vue de ces contrariétés si barbares, un être
vif & sensible doit soigneusement veiller sur lui-
même; car il peut se perdre par un emportement.
Un homme sage & modéré se tait, & soupire dou-
blement après sa liberté, soit pour la recouvrer,
soit pour sortir des serres cruelles d'un tel vau-
tour.

Mais combien ne faut-il pas être maître de soi,
pour pouvoir écouter patiemment des absurdités &
des mensonges qui excitent l'indignation. M. de
Rougemont voit-il qu'on lui prête une oreille at-
tentive? il entasse les fables les plus mal tissues &
les plus sottes, les fanfaronades les plus ridicules,
le tout delayé dans un stile de laquais & orné du
geste le plus grotesque. Il ne cesse de parler de ses
procédés, de sa générosité; ensuite passant au
pompeux étalage de ses services, de ses qualités,
de ses amis, de ses biens, il se jette dans des ba-
vardages qui n'ont pas plus de bon sens que de vérité. Heureux le patient qui l'écoute & qui n'est
qu'ennuyé! Heureux celui qui n'entre pas dans des
fureurs d'indignation quand il entend cet être vil
vanter ses soins, ses bontés pour les prisonniers!
Un homme franc & généreux a besoin d'un grand
effort sur lui-même pour écouter de sang-froid un
sot qu'il méprise aussi souverainement, & dont il
reçoit

reçoit tant d'injures journalieres, parler de sa fen-
fibili é, de fon défintéreffement, & mendier d'une
maniere fi baffe les applaudiffemens de ceux qu'il
outrage.

***

Tel'e eft en bref l'esquiffe du car ctere phyfique
& moral du principal Geolier de Vincennes, tracée affurément de main de maître, & dont perfonne n'oferoit révoquer la véracité en doute, fi l'on
pouvoit fa·s risque nommer l'Auteur des *Lettres
de Cachet & des Prifons d'etat* : quoiqu'il n'y ait
guere de gens un peu inftruits, ou un peu connois-
feurs, qui ne le dévinent. Revenons maintenant à
notre premier fujet.

Rondes de la Baftille.

Il n'y a point de place de guerre où le fervice
militaire fe faffe avec autant d'exactitude qu'a la
Baftille, & il n'y en a point peut être d'auffi bien
fortifiée.

Le Château eft entouré d'un foffé large d'environ cent vingt pieds, mais qui n'a d'eau que lors
des grands débordemens de la Seine, ou après des
pluies abondantes. Ces eaux qui ne s'évacuent
point, & qui ne font jamais renouvellées, croupis-
fent, fe corrompent, & enveloppent la *Royale-
Prifon* de vapeurs mortiferes qui incommodent
beaucoup les prifonniers, furtout ceux dont les
Lucarnes donnent fur la partie du foffé du coté du
nord. Ce foffé eft entouré d'un mur de 60 pieds
d'élévation, contre lequel eft attachée une gallerie de bois à rampe qui règne dans tout le pourtour
du Château. On appelle cette gallerie les *Rondes.*
Deux efcaliers placés à droite & à gauche, en face du grand Corps de garde conduifent à ces *Rondes.* Des Sentinelles y font placées le jour & la
nuit. Elles fe promenent fans ceffe & examinent fi
les Prifonniers font quelques tentatives. Pendant

la nuit les Sentinelles sont posées sur ces *Rondes* au nombre de 4 à la fois. Les Officiers & Sergens font leur ronde tous les quarts d'heure, & s'assurent par les *qui-vive* si les Sentinelles veillent. Chaque soldat en faction a son instant de ronde marqué. Tous ont des pièces de cuivre numérotées & trouées qu'ils passent dans une aiguille dont la base est adhérante au fond d'une boëte cadenacée, telle qu'on en a dans les villes de guerre. Cette boëte est portée tous les matins à l'Etat-Major. Les Officiers en font l'ouverture, vérifient l'ordre des pièces enfilées & jugent de l'exactitude ou du défaut des Rondes. On rend compte en même temps au Lieutenant de Roi & au Major de tout ce qui a été vu, entendu, apperçu pendant la nuit. Tout ce qui se passe en dedans ou en dehors est rapporté & écrit exactement.

Le jour comme la nuit la Sentinelle intérieure du Château sonne une cloche à toutes les heures pour avertir qu'elle veille. Outre cette cloche on en sonne une autre la nuit sur les rondes de quart-d'heure en quart d'heure. Il est impossible de s'imaginer combien cette lugubre sonnerie est accablante pour les prisonniers. A tout moment leur sommeil est interrompu par cette cloche, qui les avertit sans cesse du malheur qu'ils ont d'être sous la puissance des tigres qui les déchirent.

La Garde de la Bastille monte à onze heures du matin. La retraite de la garnison sonne à 9 heures du soir en hyver & à 10 en été. Les Ponts se levent entre 10 & 11 heures. Le premier s'abbaisse souvent pour la commodité de M. le Gouverneur quand il a des soupers en ville ou Compagnie chez lui. Tout s'ouvre à quelque heure que ce soit quand il arrive des ordres du Roi.

Au dehors du Château du coté du faubourg Saint Antoine il y a un grand Bastion dégagé du corps de la Bastille. C'étoit anciennement un des boulevards de la primitive entrée de Paris. On y a planté des arbres, il est cultivé, & c'est présentement un jardin qui rapporte beaucoup au Gouverneur. La porte du chemin qui y conduit

duit est entre la tour du *Trésor* & celle de la
Comté

A la gauche de la Bastille étoit la porte Saint
Antoine que l'on a abattue depuis quelques années
pour rendre plus large ce passage très fréquenté.
Cette porte étoit flanquée d'un Bastion parallelle
à celui qui sert de jardin au Chateau : on y a con-
truit des maisons.

La Bastille peut contenir 40 prisonniers dans des
chambres séparées. Quand il y en a un plus grand
nombre, ainsi que cela est arrivé souvent sur la fin du
règne de Louis Quinze, on en met quelques uns
ensemble, ce qui n'a lieu que le moins possible;
ou l'on en transfere à Vincennes, à Charenton,
& autres Châteaux diminutifs de la Bastille.

Le Lieutenant Général de Police de Paris est le
Subdélégué du Ministere au département de la Bastille. C'est lui qui deux ou trois fois l'année y vient
faire ce qu'on appelle les *grandes visites*. Elles
consistent en un diner splendide que lui donne le
Gouverneur; & lorsque les vins délicieux, le caffé, les liqueurs ont suffisamment égayé les esprits,
& qu'on s'apperçoit que le temps est presque écoulé, on se leve & l'on marche froidement vers les
Tours, d'où l'on sort le plus vîte qu'on peut, pour
aller commencer la partie, & ne pas faire attendre Madame.

Le Lieutenant de Police a sous lui un Commissaire en titre que l'on nomme le *Commissaire de la
Bastille*, & qui a des gages fixes pour faire ce qu'on
appelle les instructions; mais il ne les fait point
exclusivement: il n'a aucune inspection, ni fonction
que dans le cas où il reçoit des ordres. La raison
en est que tout ce qui se fait dans ce château est
arbitraire.

Les Prisonniers de la Bastille sont de deux sortes: Prisonniers d'Etat & Prisonniers de Police. Les
Prisonniers d'Etat (comme furent par exemple sous
le règne dernier M. de la Bourdonnais, M. de
Lally & tous ceux qui furent impliqués dans les
brigandages du Canada) sont en très petit nom-
E 4 bre

bre. Dans le temps des persecutions au sujet d'une sotise papale qu'on nomme *la Bulle*, les Prisonniers d'état étoient beaucoup plus nombreux, parce qu'on appelloit de ce nom tous les Jansenistes que l'on renfermoit en vertu d'une *Lettre de petit cachet*, ou vulgairement *Lettre de Cachet*.

Les Prisonniers de Police comprennent les auteurs, les libraires, les graveurs d'estampes satiriques ou obscênes & jusqu'à des relieurs & relieuses de livres. Ordinairement on relâche ces derniers après quelques mois de correction paternelle.

Arrivée d'un Prisonnier à la Bastille.

C'est presque toujours en fiacre qu'on est conduit à cette Prison, afin d'éviter le scandale public. Un Exempt de Police, accompagné de deux ou trois hoquetons bien armés montent dans la voiture pour tenir en respect celui qu'on arrête. Le fiacre traverse la premiere Cour extérieure, passe sur le Pont-Levis & va jusqu'à la porte de l'hôtel du Gouverneur. C'est là que l'on met pied à terre. Deux hommes, qui sont ordinairement le Major de la Bastille & le Lieutenant de Roi, reçoivent le Prisonnier & le font monter avec l'Exempt à l'appartement du Gouverneur. Le fiacre reste à la porte avec les deux hoquetons. L'Exempt présente au Gouverneur la lettre de cachet & la lui remet; celui-ci en signe une reconnoissance qu'il donne à l'Exempt pour sa décharge. Pendant que tout cela se fait, on laisse le prisonnier sur une chaise rêvant tout à loisir à son infortune.

Après l'insertion de la lettre de cachet dans le regiltre, ainsi que du nom & qualités du Prisonnier, l'Exempt prend congé & sa mission est finie. Le nouvel arrivant reste seul avec le Gouverneur, le Major & le Lieutenant de Roi. On lui dit quelques mots de consolation, si c'est quelqu'un un peu recommandé, & pendant ce temps un valet va chercher deux Porte-clefs. Dès qu'ils sont arrivés, le Gouverneur leur nomme l'appartement

(ou

(ou le trou) que fon nouvel hôte doit occuper,
& le remet entre les mains du Major qui, efcorté
des Porte-Clefs, l'emmene fans autre compliment
à la chambre qui lui eft deftinée. Sur fon paffage
tant au fecond Pont-levis que dans la Cour intérieure, les fentinelles & foldats des Corps de garde
ont la configne de mettre leur chapeau fur leur vi-
fage, afin de ne pas voir le prifonnier ; & cette
cérémonie, à laquelle aucun d'eux n'oferoit manquer, fe renouvelle à toutes les entrées, forties,
allées & venues de tout prifonnier quelconque.

Arrivés dans la Chambre, on commence par prier
le détenu de vuider exactement tout ce qu'il a
dans fes poches, & de donner le tout exactement
au Major qui en écrit le détail, piece par piece,
& fait figner cet inventaire par le prifonnier, auquel on ne laiffe que les vêtemens qu'il a fur le
corps ; montres, bagues, étuis, papiers tout eft
enlevé jusqu'aux cure-dens. Un des Porte-Clefs va
enfermer le tout (ou à peu près) dans une des ca-
fes de la chambre du dépôt.

Après cette humiliante cérémonie que l'on affai-
fonne de tout ce qu'il y a de plus mortifiant pour
un honnête homme, on lui ferme au nez les éror-
mes verroux des doubles portes qui le féparent de
tout le genre humain, & on le laiffe fe morfondre
pendant quatre ou cinq heures, fouvent fans autres
meubles que les quatre murs : car il y a plufieurs
Chambres où l'on ne porte ce qui eft néceffaire
que lorsque le prifonnier y eft.

S'il arrive que le détenu faffe difficulté de vuider entierement fes poches, ou qu'il refufe de remettre tout ce qu'il a fans exception, argent &
autres, on fait monter trois ou quatre *aide coquins*
qui le dépouillent fans miféricorde, & ne lui laif-
fent quelque fois que la chemife pour lui apprendre
à être docile.

Au bout de quelques heures on apporte au prifonnier les meubles dont il ne peut abfolument fe
paffer, du pain, du vin, & du feu en hiver ; l'homme chargé de ce foin a l'ordre le plus ftrict de ne
pas ouvrir la bouche, quelques queftions, quelques

E 5

de-

demandes que puisse faire le Prisonnier; mais en recompense il écoute tout fort attentivement, & dans ces premiers momens où le cœur, gonflé de tristesse & d'amertume, s'exhale souvent en plaintes, un prisonnier se fait quelquefois bien du tort, oubliant que tous les mots sont recueillis avec avidité.

Dans les premiers temps on n'a jamais ni livres, ni encre, ni papier; on ne va ni à la messe ni à la promenade : on n'a permission d'écrire à qui que ce soit, pas même au Lieutenant de Police de qui tout dépend. Il faut passer les premiers mois dans une solitude & une disette de distractions qui influe souvent sur tout le reste du temps qu'on doit passer dans ce triste séjour.

Quand à force de sollicitations on a obtenu du Gouverneur ou du Major la permission d'écrire au Lieutenant de Police, on peut lui demander celle d'écrire à sa famille, d'en recevoir des réponses, d'avoir avec soi son domestique, ou un garde-malade &c. Ce Magistrat accorde ou refuse suivant les circonstances: on ne peut rien obtenir que par ce canal; mais ces faveurs sont tellement rares que sur vingt prisonniers, il n'y en a pas trois à qui elles soient accordées.

Les officiers de l'Etat-Major se chargent de faire parvenir les Lettres des prisonniers à la Police; elles y sont envoyées exactement à midi & le soir: on a même quelque-fois la condescendance de les faire porter par des exprès payés de l'argent des détenus; mais c'est une grâce spéciale dont il ne faudroit pas user trop fréquemment; la complaisance de ces Messieurs seroit bientôt à bout. Les réponses sont toujours adressées au Major qui les communique au Prisonnier à l'heure ou, pour mieux dire, au jour qu'il lui plait. Si dans sa lettre le prisonnier a demandé quelque chose au Ministre, ou au Lieutenant de Police, & que dans la réponse, il ne soit pas question de cet objet-là, alors c'est un refus; & il seroit aussi inutile que mal-adroit d'y revenir dans une autre lettre.

Quand on dit que les lettres sont portées à la
Poli-

Police le matin & le soir exactement, cela ne veut
pas dire que les Prisonniers puissent écrire quand
ils le jugent à propos, ou que chacune de leurs lettres soit fidélement envoyée ; il s'en faut bien. Pre-
mierement la liberté d'écrire n'est accordée qu'a-
près bien des prieres; & en second lieu, il n'en
sort aucune de la Bastille qui ne soit vue ou du
Gouverneur ou du Major, soit d'une maniere lici-
te, soit par des moyens obliques, & dont on ne
fait nullement scrupule de se servir. Un prisonnier
qui parleroit trop ouvertement sur le compte de ses
geoliers, ou qui hazarderoit quelques plaintes par
écrit, pourroit être sûr que sa lettre ne parvien-
droit jamais, & que le sujet de ses plaintes, loin
de diminuer, augmenteroit. Il faut à cet égard la
plus grande politique, & l'on ne sauroit trop le recommander.

Les gardes que l'on donne à ceux à qui l'on refuse leurs domestiques propres, sont ordinairement
des soldats invalides. Cela ne s'accorde que lorsqu'on est attaqué de quelque maladie, ou que
quelque personnage important s'interesse à vous.
Mais que l'on s'imagine un peu ce que c'est qu'une
telle compagnie : un soldat vieux, podagre, lourd,
grossier, incapable d'attentions & des soins dont un
malade a besoin! Ce soldat une fois attaché au
Prisonnier ne peut plus le quitter, il devient prisonnier lui-même auprès de lui : ainsi il faut dabord acheter son consentement, & le déterminer
à s'enfermer avec vous tant que durera votre captivité; & si vous en revenez, il faut vous résou-
dre à supporter l'humeur, le mécontentement,
les reproches, l'ennui de ce compagnon qui se
venge bien sur votre santé (*comme dit M. Linguet*)
des services apparens qu'il a prêtés à votre maladie.

Mais ce n'est pas là le pire. Le plus dur pour un
homme honnête & franc, c'est qu'il faut sans cesse
être en garde contre ces ombres qui ne vous quit-
tent jamais. Tout ce qu'on lâche par imprudence, ou par confiance déplacée, est rendu aux Officiers qui le reportent à la Police. C'est ainsi que
l'on

l'on étudie le caractere des prifonniers. Tout eft dans ce Château, myftere, rufe, artifice. piége, efpionnage ; fouvent même les Officiers, les gardes, les porte-clefs, les valets tâchent d'induire un prifonnier à parler mal du Gouvernement pour rendre compte de tout ce qu'on a dit.

De toutes les peines auxquelles l'innocence eft expofée à la Baftille, l'obligation d'une défiance continuelle n'eft pas la moins affreufe. Il faut en avoir paffé par-là pour concevoir combien il eft facile à l'homme le moins coupable de fe rendre criminel, & d'aggraver fes malheurs, par les larmes, les foupirs, les plaintes, les murmures d'indignation qui lui échapent, & que la malignité recueille avec foin.

Quelques jours après l'arrivée d'un prifonnier, furtout lorsqu'il eft d'importance, le Lieutenant de Police le fait defcendre dans la falle du Confeil, ou va le vifiter dans fa chambre fi c'eft une Dame. La converfation roule ordinairement fur l'objet de fa détention. Il faut être bien circonfpect dans ces entretiens, & obferver une prudence d'autant plus grande, que fous l'air de la commifération & du fentiment le perfide *Vifiteur* ne cherche, comme on dit, qu'à tirer les vers du nez, pour en aller faire enfuite fa cour au Miniftre, & voir quelles mefures efficaces on poura prendre pour votre perte Souvent il vous induit à donner des déclarations écrites & fignées, qui vous mettent enfuite dans des embarras cruels, par l'artifice avec lequel on vous les a fait faire. En général on doit mettre autant de circonfpection dans ces converfations que dans un interrogatoire-même, puis que rien de tout ce qu'on y dit n'eft oublié.

Interrogatoires de la Baftille.

Quelque-fois un prifonnier eft interrogé quelques jours après fon entrée à la Baftille ; mais le plus fouvent il ne l'eft que plufieurs femaines après, & même plufieurs mois. Il arrive quelque-fois qu'on
le

le prévient du jour qu'il ſubira un interrogatoire,
ce qui eſt un grand avantage par ce qu'on a le
temps de ſe préparer contre les ſurpriſe : ſouvent
il ne l'apprend qu'au moment même où on le fait
deſcendre à la ſalle du Conſeil. Ordinairement c'eſt
le Lieutenant de Police, ou un Conſeiller d'Etat,
un Maitre des requêtes, un Conſeiller ou un Com-
miſſaire du Châtelet qui remplit cette Commiſſion.
Lorſque le Lieutenant de Police ne vient pas lui-
même pour faire l'interrogatoire, il a ſoin ordinairement de ſe trouver aux dernieres ſéances.

Ces Commiſſaires ne ſont point du tout des êtres
paſſifs, comme le dit l'auteur des Remarques; au
contraire il eſt difficile de peindre l'activité, l'a-
dreſſe, la duplicité, l'artifice, la fineſſe avec lesquels ils tournent & retournent un pauvre priſonnier pour lui arracher des aveux dont ils puiſſent
tirer parti. Tantôt ils tâchent de l'effrayer par des
menaces capables de faire tourner la tête ; tantôt
ils font mine d'employer la douceur, la cordiali-
lité ; ils mettent en œuvre toutes ſortes de ruſes &
de piéges pour le faire parler. Souvent pour l'intimider ils ſuppoſent des preuves, repréſentent des
papiers ſans permettre de les lire, ſoutenant que ce
ſont des piéces de conviction invincibles. Leurs
interrogations ſemblent n'avoir point d'objet déterminé ; elles ſont vagues, & ſautent ſans ceſſe d'un
ſujet à l'autre pour embaraſſer le priſonnier ou voir
s'il ne ſe coupera point dans ſes réponſes. Leurs
demandes captieuſes roulent non ſeulement ſur les
paroles & les actions du priſonnier, mais même
ſur ſes penſées les plus intimes, ſur les perſonnes
de ſa connaiſſance, ſur toute ſa conduite antérieu-
re & ſouvent ſur les choſes qui ont le moins de
rapport avec les cauſes de ſa détention.

Que l'on juge de la perplexité d'un homme qui
ſe voit en de telles mains, & qui ſent que, coupable ou non, ſon juge pour ſon propre honneur
veut le trouver criminel ! Que l'on examine ſi de
tous les tourmens, il en eſt un pareil à un tel interrogatoire ; & s'il ne faut pas avoir une patience à l'épreuve pour ne pas bruſquer avec dédain

ces

ces perfides agens qui n'ont ni humanité, ni bonne foi!

La plupart d'entre ces *Interrogateurs* commencent par dire à un prisonnier qu'il y va de sa tête,
que de lui dépend en ce jour sa vie ou sa mort;
que s'il veut tout déclarer de bonne foi, ils sont
autorisés à lui promettre un élargissement prompt:
mais que s'il refuse d'avouer il va être livré à une
Commission extraordinaire; que l'on a des pieces
décisives, des preuves acquises, plus qu'il n'en
faut pour le perdre; que ses complices, ou ses
amis, ses parens, ses associés ont tout découvert;
que le Gouvernement a des ressources inconnues
dont il ne peut se douter; que le meilleur pour lui
est une déclaration prompte; que le Roi est indulgent, (misérables! sans doute il l'est: mais,
Vous! . . . . .) qu'ils lui conseillent en amis de
ne rien cacher. Ils fatiguent le prisonnier par des
demandes incohérentes, captieuses, singulieres,
multipliées à l'infini. Suivant les personnes, ils
employent les promesses, les menaces, les cares-
ses, les insultes, les flatteries, les outrages, les
bassesses, les cruautés; enfin tout ce que la tyrannie peut imaginer pour amener les infortunés
au but qu'ils se proposent, surtout quand le détenu
est un homme dont l'esprit est retif, & l'humeur à
craindre.

S'il arrive que le prisonnier fait les aveux exi-
gés, alors les Commissaires lui déclarent, en affectant un ton pénétré, que pour son élargissement ils
n'ont pas encore d'autorisation précise, mais qu'ils
ont tout lieu de l'espérer, qu'ils vont la solliciter,
& que bientôt il en entendra parler: mais, *va t'en
voir s'ils viennent.* . . . . . Il s'en faut bien qu'on
ait dessein de lui tenir parole. Ses aveux, loin de
rendre son sort meilleur, donnent lieu à de nouveaux interrogatoires, entre lesquels on laisse écou-
ler un espace de temps considérable; ce qui pro-
longe sa détention, compromet les personnes avec
lesquelles il a eu des relations, & l'expose lui même à de nouveaux tourmens.

Dans les interrogatoires ainsi que dans les entretiens

tiens & visites des officiers, on débite souvent aux détenus les choses les plus fausses, en affectant un air de vérité & d'intérêt, & observant soigneusement l'effet que ces mensonges préparés produisent sur leurs traits. Ce sont ordinairement ces phrases banales: *il est bien malheureux que le Roi ait été prévenu contre vous. Sa Majesté ne peut entendre prononcer votre nom sans courroux. Ou, l'affaire, pour laquelle on vous a ravi votre liberté n'a été qu'un prétexte: on vous en vouloit antérieurement. Vous avez de puissans ennemis.* Tels sont les propos d'étiquette dont on tourmente un infortuné à qui la tête tourne en reconnoissant qu'il est le plastron d'un tel patelinage.

Le plus insupportable de tous ces traits de vexation, ce sont les promesses vagues, indéfinies, fausses, ou équivoques que l'on vous fait, sans prendre même la précaution d'en couvrir la duplicité sous un air d'indulgence ou de commisération; les espérances intarissables, & toujours frustrées d'une liberté prochaine; les exhortations à la patience; les conjectures à perte de vue dont le Lieutenant de police & les Officiers font très prodigues.

Mais le comble de l'indignité, le dernier dégré de la barbarie, c'est la méchanceté avec laquelle on débite contre le prisonnier les calomnies les plus absurdes, les plus contradictoires, soit pour l'effrayer lui même, soit pour rallentir le zèle des parens ou des protecteurs qui seroient tentés de solliciter pour lui.

L'instruction de l'affaire d'un prisonnier, (lorsqu'on en fait une, ce qui est rare) est toujours sujette à des longueurs dont il n'y a pas d'exemples dans aucuns tribunaux. Toute la procédure relativement au prisonnier consiste en interrogatoires faits de loin en loin, & tellement disparates qu'il a souvent beaucoup de peine à deviner de quoi il s'agit, de quel crime on l'accuse. Quelquefois on ne vient à la question principale qu'après des années entieres de faux-fuyans, dont on use pour lâcher

cher de mettre son homme en défaut, & dans l'impossibilité de se tirer d'affaire.

Cette maniere inique a lieu surtout lorsque la détention du prisonnier a pour cause quelque écrit, ou quelque propos satirique contre quelque protegé ou quelque protégée, & que le Ministre veut donner une couleur de justice à l'emprisonnement du jaseur indiscret. C'est alors que les supôts de la police, les *Lycaons* en robe noire mettent en œuvre tout ce qu'ils ont d'adresse & de détours pour engager ce malheureux dans quelque réponse ambigue, sur laquelle ils bâtissent en un moment l'instruction la plus compliquée. Etonné lui-même de ses réponses, le prisonnier se trouble, il balbutie, il s'enferre, il se coupe, il se brouille & voila un homme coupable sans qu'il puisse même concevoir comment on a pu l'amener à de tels aveux sur des choses dont souvent il n'a pas la moindre notion.

Qu'un protecteur prenne la peine ensuite d'aller auprès du Maître solliciter pour cet innocent: on lui ferme la bouche avec des piéces autentiques contre lesquelles il n'y a rien à répliquer. Ce sont, *lui dit-on*, les propres aveux de l'homme qu'il veut défendre. Que dire? Il faut se taire, & se retirer en silence. La fourberie, la malignité percent de toutes parts: mais toute tentative seroit inutile, & une chaleur trop obstinée pour la cause du *protégé* pouroit souvent conduire le *protecteur* lui-même à la Bastille.

En général, quelque soit la cause qui fasse entrer un individu quelconque dans cette odieuse retraite, on en déguise toujours les vrais motifs de la détention. Le public cherche envain à pénétrer ce qui attire à tel ou tel prisonnier cette galanterie ministérielle; il n'y en a que très peu dont on sache au juste l'imprudence ou le délit qui les a conduit dans cette enceinte désagréable.

Il y a de certains cas où ce sont des Commissaires du Parlement-même qui font les instructions: alors, ces Messieurs tiennent leurs séances chez le
Gou-

Gouverneur, ou dans l'hotel de l'Arſenal; car il ne leur eſt pas permis d'entrer dans l'intérieur de la Baſtille. La difference que le miniſtere met entre eux & les membres du Conſeil ou du Châtelet, eſt que ceux - ci ſont *Royaliſtes*, & les autres *Parlementaires*. Or on n'admet que les premiers dans cette *Place* dite Royale; on ne veut pas que les autres y mettent le pied.

Cette différence d'interrogateurs a lieu lorsque l'affaire du détenu eſt purement civile. On auroit très grand tort de croire que la BASTILLE eſt réſervée uniquement aux priſonniers d'Etat, ainſi qu'on affecte de le perſuader au peuple. La légereté, dit M. Linguet, avec laquelle on en ouvre les portes, s'eſt redoublée dans la même proportion que l'inhumanité avec laquelle on la régit. Depuis un petit nombre d'années, elle ſemble être le préliminaire des affaires civiles les plus communes, les moins ſuſceptibles par leur objet de cet étrange & terrible début. Elle eſt devenue en quelque ſorte l'*antichambre* de la Conciergerie.

N'y a - t'on pas mis Madame de *Saint - Vincent*, ſoupçonnée d'avoir fabriqué de faux billets ſignés *Richelieu*? Quel rapport ſon affaire pouvoit - elle avoir avec la Baſtille?

N'y a - t'on pas mis une certaine Roger marchande de fayence à Lyon, accuſée d'avoir caché chez elle de l'argent appartenant aux Jéſuites?

Relâchée après l'évanouiſſement de cette ombre abſurde, elle ſe brouille pour des diſcuſſions domeſtiques avec un premier Commis qui a quelque intérêt de la perdre, on la remet à la Baſtille. Eſt-ce donc là une *Affaire d'Etat?*

Ces deux femmes ont été renvoyées enſuite devant les juges ordinaires. Qu'ont - elles donc été faire à la Baſtille? Pourquoi cette priſon préparatoire? On diroit que le Miniſtre expéditeur des Lettres de cachet feroit de moitié avec le Gouverneur-Cantinier, pour profiter du ſol qu'il y a à gagner ſur la ſubſiſtance des priſonniers. Plus il y en a, plus il y a de profit.

F *Vi*

Visites de la Bastille.

Les prisonniers ne reçoivent jamais aucune visite du dehors, avant que l'instruction, lorsqu'on en fait une, ne soit consommée. Pour obtenir cette faveur, après les interrogatoires, il faut la demander avec instance & avec persévérance, & surtout que des amis puissans la sollicitent. C'est d'abord au Gouverneur qu'il faut s'adresser, puis au Lieutenant de Police qui décide, d'après le Ministre, si cette grâce sera accordée ou non.

Quand un étranger est admis à visiter quelque prisonnier, on prend les plus grandes précautions pour qu'il ne puisse être vu d'aucun autre que de celui qu'il vient voir.

Pour parvenir à parler à quelqu'un détenu à la Bastille, il faut avoir une permission écrite du Lieutenant de Police. Elle est ordinairement dans une Lettre dont l'adresse est au Lieutenant de Roi ou au Major. Le nombre & la durée des visites y sont toujours fixés. Ces visites ne se rendent presque jamais dans les chambres-mêmes des prisonniers, mais dans la salle du Conseil, à moins que le prisonnier ne soit malade. Elles se font toujours en présence d'un Officier, ou au moins d'un Porte-Clefs; ce qui empêche qu'on ne puisse s'ouvrir mutuellement, par la défiance continuelle qu'on doit avoir de ces insupportables gardiens. Mais telle est la regle invariable, & qui n'est enfreinte pour personne. Il n'est jamais permis de parler à un prisonnier des motifs de sa détention, ni de rien qui ait rapport à son affaire. Le *Bastilleur* présent à la visite, a la montre en main, & aussitôt que le moment désigné expire, il entraine à grands pas le visitant; fût-il au milieu du discours le plus intéressant, il faut marcher, il faut sortir.

Pour qu'un prisonnier reçut des visites sans témoins, il faudroit une permission expresse du Ministre, & l'on sent bien qu'il est intéressé à ne la jamais accorder. Il y en a eu dans le siécle dernier quelques exemples, mais cela est trop rare pour être mis en ligne de compte. Quant aux Officiers
de

de l'Etat-Major, ils ne peuvent rien accorder de leur chef à un prifonnier. Ils pouroient fans doute leur ménager des correspondances au dehors; mais outre qu'ils craindroîent trop que cela ne fe découvrît (ce qui entraineroit la perte de leur place) c'eft que l'on diroit que tout fentiment de commifération & d'humanité fe retire à l'inftant du cœur de tout homme qui accepte un emploi à la Baftille. Les follicitations les plus ardentes ne peuvent plus rien fur eux. Il femble que l'air de ce féjour foit incompatible avec la bonté conftitutive de l'espece humaine.

Tous les jours le Major rend compte par écrit au Lieutenant de police des vifites reçues, de tout ce qui s'y eft dit, & jufqu'aux geftes qu'il croit fufceptibles d'interprétation.

Il n'entre de voitures dans l'intérieur du Château que celles qui y amenent des prifonniers, ou qui en enlevent pour les transférer dans d'autres prifons ou Châteaux. Il faut encore ajouter à cet article des vifites que le prifonnier doit toujours refter à une certaine diftance de celui qui le vient voir. On craint les attouchemens, & furtout la communication des mains, fous prétexte qu'on pouroit fournir à un prifonnier des inftrumens ou des armes, dont il feroit enfuite ufage, foit contre lui même, foit contre le Porte-Clefs. En effet un prifonnier à qui, dans une vifite, l'on pouroit donner une paire de piftolets à deux coups, une poire à poudre & quelques balles, pouroit parvenir à fe fauver, s'il étoit réfolu à tout : mais ce moyen ne le conduiroit qu'à l'échafaud; il feroit pris & arrêté avant d'avoir pu fe mettre en fureté.

Maladies, Morts, Cérémonial, & autres ménus détails de la Baftille.

Quand un prifonnier tombe malade & qu'il fe plaint à fon Porte-Clefs, celui-ci en avertit le Major, ou le Lieutenant de Roi, quand il peut les rencontrer. Le Chirurgien reçoit alors l'ordre de se rendre à la Chambre du malade qu'il doit examiner pour en faire son rapport & décider si le Médecin doit être appellé. Si le Chirurgien ne trouve point de fievre au prisonnier, il n'est point reputé malade ; c'est une légere indisposition ; il ordonne une ptisanne, il s'en va & ne revient plus. Deux ou trois jours s'écoulent, le sang s'allume, la fievre se déclare, on rappelle de nouveau le Chirurgien. Il vient au bout de 5 ou 6 heures, il examine le malade en ricannant, enfin il conclud à faire venir le Docteur. On y envoie ; il y a au moins une lieue ; il n'est pas chez lui, mais la commission est faite, il viendra quand il poura. Il arrive pourtant : l'odeur ambrée de sa perruque le dévance ; il tâte le poulx de son malade d'un air distrait, il ordonne quelque potion, il s'en va, & ne revient plus. Si le prisonnier va mieux, tout est dit ; s'il empire, on renvoie chez M. le Médecin qui montre alors une mine renfrognée, & qui semble se fâcher de ce que la maladie ne fuit pas à son aspect.

Enfin si le prisonnier a absolument perdu la santé & si l'on craint pour ses jours, on le fait sortir, soit pour tout à fait, soit pour le transporter ailleurs, surtout si c'est un homme protégé de quelqu'un, ou connu. Le Ministere n'aime pas que les gens connus meurent à la Bastille. Il est vrai que quelques-uns y ont péri par des voies secretes, mais ces exemples sont fort rares.

Quand un prisonnier meurt on transporte son corps pendant la nuit, & on le fait inhumer à la Paroisse Saint Paul, sous le nom d'un Domestique. Ce mensonge est enregistré sur le livre ordinaire de la Paroisse, pour tromper la postérité. Il y a un autre registre à la Bastille où le nom veritable des morts est inscrit ; mais il faut bien des difficultés pour parvenir à en avoir un extrait. Il faut auparavant que le Commissaire de la Bastille soit informé de l'usage que les familles veulent faire de ces actes.

Lorsque le Commissaire du Roi, ou le Lieutenant de police, ou le Ministre entre dans le château

teau de la Baſtille, la garde ſe préſente en haye à
ſon paſſage, & fait le ſalut; le même cérémonial
s'obſerve pour les Maréchaux de france. Ceux-ci
peuvent ſeuls entrer dans le château avec leurs
épées. Les Ducs & Pairs ont prétendu avoir droit
à la même diſtinction.

Outre les chambres & appartemens dont on a
fait le détail ci-deſſus, il y a encore à la Baſtille
de vaſtes magaſins que l'on nomme *les depôts*. C'eſt
là qu'on renferme les livres ſaiſis ou dont le débit
eſt arrêté. C'eſt là que pouriſſent les premiers volumes de l'Encyclopedie. Enfin dans une ſalle ſé-
parée eſt une Bibliotheque fondée par un priſonnier étranger mort à la Baſtille au commencement
de ce ſiecle. Quelques priſonniers obtiennent la
permiſſion d'y aller; d'autres qu'on leur porte des
livres dans leur chambre: ce qui eſt une faveur
auſſi rare que ſignalée.

Nous ne pouvons mieux terminer ces Remarques
ſur la Baſtille, que par un Extrait ſuccinct du parallelle que l'Auteur des Annales fait du régime
de la Baſtille avec celui de quelque *Priſon d'état*
que ce ſoit, ſur le globe entier.

Dans l'Aſie, il eſt impoſſible de découvrir une
Priſon d'état ailleurs qu'à Ceylan. Encore ne peut-
elle être comparée à la Baſtille, puisque les priſonniers détenus par l'ordre du Roi ſont mis dans les
priſons ordinaires, ou dépoſés ſous la garde des
grands; ce qui aſſurément eſt fort éloigné du régime de la Baſtille.

En Amérique & en Afrique il y a bien d'autres
ſortes d'oppreſſions, mais on n'y connoit pas celle-
là. Les indiens dans le nouveau monde ſont écra-
ſés par des maîtres impitoyables, avilis eux-mêmes
par la ſuperſtition. Une partie des côtes de l'Afrique eſt ſoumiſe à un gouvernement arbitraire qui
n'a que les abus & les dangers de celui qui règne
en Aſie. Le reſte n'eſt guère devaſté que par notre
commerce. Ce ſont des marchands d'Europe qui
portent des chaînes aux habitans du Congo, & non
pas leurs princes qui les en accablent. On les
vend, mais aucun miniſtre n'y a le droit de les
con-

condamner , *pour son bon plaisir* à une inaction meurtriere.

C'est donc dans l'Europe seule qu'on peut redouter ce terrible fleau ; & encore dans quelle partie de l'Europe ? Ce n'est pas, comme on fait dans toute la Grande Bretagne. Une détention arbitraire y seroit un crime de *Leze-Peuple*, presque aussi rigoureusement poursuivi qu'un crime de *Leze-Majesté*. A la Tour de Londres un prisonnier, même coupable, ne perd aucun des droits de l'innocence, ni aucune de ses ressources.

En Allemagne, malgré que les princes y soient en général assez despotiques, cependant ils n'ont ni Bastille, ni équivalent. On ne trouve de prison d'état depuis le Rhin jusqu'à l'Oder que *Spandaw*

Mais 1°. Spandaw existe dans une monarchie toute militaire. Ce colosse né de nos jours & parvenu par la force à un développement aussi étonnant que rapide doit conserver dans sa constitution quelque chose de son origine. 2°. C'est spécialement aux *militaires* que la *Bastille Prussienne* est destinée ; il est très rare que des *citadins* en partagent le funeste honneur : ce qui est précisément le contraire en France.

Au reste ce seroit une erreur, pour ne rien dire de plus , que de comparer *Spandaw* à la Bastille. Personne n'est enfermé à *Spandaw* sans un jugement préliminaire. Chaque prisonnier sait à merveille pourquoi il est privé de la liberté, & combien de temps doit durer sa prison. D'ailleurs le Roi de Prusse n'a jamais fait renfermer personne pour des épigrammes bonnes ou mauvaises, & ses sujets parlent de lui & de ses opérations avec une liberté qui se trouve à peine sur les bords de la Tamise. Il est vrai que le Roi de Prusse est un grand homme.

En Dannemarc depuis l'abominable *Christiern* on ne voit point d'emprisonnemens illégaux tels que ceux de la rue Saint Antoine. Le Jutland, la Fionnie ne gémissent point sous des masses aussi peu utiles, aussi meurtrieres que la Bastille. En

Suede

Suede aucun Roi n'a ſouillé ſon règne par l'ordre
d'en conſtruire, ou d'en faire uſage. En Hollande
le Château de *Loeveſtein* eſt bien éloigné d'être
une *Baſtille*, quoique deſtiné à ſervir de priſon
d'é at.

En Ruſſie le contraſte eſt frappant. C'eſt une
province entiere d'une grandeur immenſe qui eſt
devenue une priſon d'état. En France un des tourmens des captifs, c'eſt la petiteſſe de leur cachot;
en Siberie ils ne gémiſſent que de ſon immenſité.
Les uns ſont enſévelis dans de vrais tombeaux, les
autres ſont perdus dans de vaſtes deſerts. Quelque
infortunés que ſoient les derniers, il eſt évident
qu'ils ſont cependant moins à plaindre. Leurs familles peuvent les ſuivre, les accompagner; ils
peuvent au moins pleurer enſemble, & les ſeules
larmes vraiment ameres ſont celles qui ſe verſent
dans la ſolitude.

En Eſpagne les tours de Pampelune, de Sara-
goſſe, de Valladolid reſſemblent beaucoup à la Baſtille. On pouroit dire que les bonnes coutumes
d'un pays ont paſſé dans l'autre, & que c'eſt ce
qui fait que tout y va ſi bien. Mais enfin un peuple
tel que celui d'Eſpagne & de Portugal, qui a la lâcheté de porter le joug de l'*inquiſition*, & de le
porter paiſiblement, ne mériteroit pas d'être plaint,
eût-il cent Baſtilles au lieu d'une.

En Italie, on trouve chez certaines Puiſſances
un équivalent de ce qu'on voit aux portes de Paris.
à Rome par exemple, & à Veniſe il exiſte des in-
dices d'un pouvoir très redoutable & d'un *Baſtilla-
ge* trés-caractériſé. On voit dans l'une un cha-
têau, & dans l'autre un tribunal qui ſont également des outrages à la juſtice, & des armes toujours prêtes pour le despotisme. Cependant la mul-
titude d'étrangers qui ne ceſſent de traverſer ces
contrées célebres, prouve que l'uſage en eſt moins
fréquent que l'appareil n'en eſt terrible. Quand
un Anglais, un Hambourgeois s'embarquent pour
aller à Rome admirer *Saint Pierre*, ou danſer en
masque à Veniſe, leur famille ne les conjure pas
en tremblant de ſe garder du Château *Saint-Ange*,

ou

ou de l'inquifition d'état : mais il n'y a point d'étranger allant en France, à qui l'on ne dife de fe défier de la *Baftille*.

L'idée d'ériger une ftatue à Louis XVI, fur l'emplacement qu'occupe la Baftille, appartient à l'auteur du *Courier du Bas Rhin* qui en a parlé le premier. Cette idée eft heureufe. Mais ce feroit trop peu d'une feule ftatue. Il en faudroit également une à Pierre-encife; une furtout fur l'emplacement du donjon de Vincennes; une aux Ifles Marguerites; une à la tour de Ham; une au Château de Loches. Il en faudroit encore une au fommet des Alpes dans un des forts de Briançon; une autre fur la cime du mont faint Michel; une dans l'Ifle d'Oueffant; une au Chateau-trompette; deux ou trois fur les pyrennées; une dans le château de Dijon &c. &c. &c. deux pages *d'et cœtera* : fans compter celle qu'il faudroit placer à *Saint Venant* où l'on renferme les Curés de mauvaife vie : les Curés feulement, car pour les Evêques de mauvaife vie, tout le monde fait qu'on ne les renferme nulle part.

ANECDOTES.

I.

Avant de paffer à aucune autre, il faut tâcher de fixer l'efprit du Lecteur fur l'Anecdote célebre du fameux Prifonnier au *mafque de fer*. L'incertitude où l'on eft encore aujourd'hui, & où l'on fera probablement toujours fur ce perfonnage, eft capable feule de piquer la curiofité.

Journal de M. de Jonca Lieutenant de Roi de la Baftille.

„ Jeudi 18 Septembre 1698, à trois heures après-
„ midi, M. de Saint-Mars Gouverneur de la Ba-
„ ftille

,, stille est arrivé, pour sa premiere entrée, ve-
,, nant des Isles Marguerites, ayant amené avec
,, lui dans sa litiere un prisonnier qu'il avoit à
,, Pignerol, dont le nom ne se dit pas, lequel on
,, fait tenir toujours masqué, & qui fut mis d'a-
,, bord dans la tour de la Basiniere, en attendant
,, la nuit, & que je conduisis ensuite moi même
,, sur les neuf heures du soir dans la troisieme
,, Chambre de la tour de la Bertaudiere, laquelle
,, Chambre j'avois eu soin de faire meubler de
,, toutes choses avant son arrivée, en ayant reçu
,, l'ordre de M. de Saint-Mars. . . . . . En le
,, conduisant dans la dite Chambre j'étois accom-
,, pagné du Sieur Rosarges que M. de Saint . Mars
,, avoit amené avec lui, lequel étoit chargé de ser-
,, vir & de soigner le dit prisonnier qui étoit nour-
,, ri par le gouverneur. . . . . . Du Lundi 19 no-
,, vembre 1703. Le Prisonnier inconnu, toujours
,, masqué d'un masque de velours noir, que M. de
,, Saint-Mars avoit amené avec lui des Isles Sainte-
,, Marguerite, s'étant trouvé hier un peu plus mal
,, en sortant de la messe, il est mort aujourd'hui
,, sur les dix heures du soir, sans avoir eu une gran-
,, de maladie. M. Giraut notre Aumônier le con-
,, fessa hier. . . . . . . Du mardi 20 novembre 1703.
,, Ce même prisonnier a été enterré à quatre heu-
,, res après - midi dans le cimetiere de Saint Paul,
,, & son enterrement a couté 40 livres''.

Voila à peu près tout ce que l'on sait de *positif*
sur cet étrange personnage; en y ajoutant l'extrait
du regiftre de sépulture de l'église pároiffiale de
Saint Paul à Paris.

L'an mis sept cent trois, le dix neuf novembre,
Marchialy, âgé de 45 ans ou environ, est décédé
dans la Bastille, duquel le corps à été inhumé dans
le cimetiere de l'église Saint Paul le vingt du dit
mois, en présence de M. de Rosarges Major, &
de M. Reilh Chirurgien-Major de la Bastille qui ont
signé. &c. ——

Il est encore très-certain que le tronc seul du Ca-
davre fut enterré, & que la tête coupée, puis par-
tagée en divers morceaux, pour la défigurer, fut en-

enterrée en plufieurs autres lieux ; qu'après fa mort
il y eut ordre de bruler généralement tout ce qui
avoit été à fon ufage, linge, habits, matelats,
couvertures ; que l'on fit regratter & reblanchir
les murailles de la chambre où il avoit été logé,
& qu'on pouffa même les précautions jusqu'à de-
faire tous les carreaux, dans la crainte qu'il n'eut
caché quelque billet ou fait quelque marque qui
eût pu aider à faire connoitre qui il étoit. Son
masque n'étoit point de fer, comme on le prétend,
& comme le nom-même lui en eft refté, mais fim-
plement de velours noir, garni de baleines très-
fortes & attaché par derriere avec un cadenat
fcellé. Il étoit fait de maniere qu'il lui étoit im-
poffible de l'ôter ou de l'arracher lui-même, &
qu'il pouvoit manger avec, fans beaucoup d'incommodité.

On avoit ordre de le tuer s'il fe découvroit. On
ne lui refufoit rien de ce qu'il demandoit. Son plus
grand gout étoit pour le linge d'une fineffe extraordinaire, il jouoit de la guittare ; on lui faifoit la
plus grande chere, & le Gouverneur s'affeyoit rarement devant lui. Un vieux médecin de la Baftille
qui avoit fouvent traité cet homme fingulier dans
fes maladies, a dit qu'il n'avoit jamais vu fon vi-
fage, quoiqu'il eût fouvent examiné fa langue &
quelques parties de fon corps. Il étoit de la plus
belle taille, bien fait, la peau un peu brune ; il
intéreffoit par le feul fon de fa voix, ne fe plaignoit
jamais de fon état, & ne laiffoit point entrevoir ce
qu'il pouvoit être.

Ce qui redouble l'étonnement, c'eft que quand
on l'envoya à la citadelle de Pignerol, lieu de fa
premiere détention, il ne difparut dans l'état aucun homme confidérable. M. de Chamillard fut le
dernier Miniftre qui eut cet étrange fecret. À fa
mort, le Maréchal de la Feuillade fon gendre le
conjura à genoux de lui apprendre ce que c'étoit
que cet inconnu défigné fous le nom de *l'homme au
masque de fer*. M. de Chamillard lui répondit que
c'étoit le fecret de l'Etat, & qu'il avoit fait ferment
de ne point le révéler.

Un

Un homme transféré avec de telles précautions, un prisonnier qu'on oblige à être toujours masqué, enfin un captif à qui le gouverneur-même témoignoit des respects, ne pouvant-être qu'un personnage très considérable, plusieurs historiens ont cherché à pénétrer quel il pouvoit être. Voici les diverses Opinions à cet égard. Quoique l'évidence ne soit d'aucun côté, nous croyons que la derniere est la plus probable.

1°. *Le prisonnier au masque de fer étoit le Duc de Beaufort.*

Cette opinion est fondée sur une Lettre de M. *la Grange Chancel* à *Freron*, dans laquelle il dit : ,, Le séjour que j'ai fait aux Isles - Marguerites m'a ,, appris les particularités suivantes sur l'homme au ,, masque de fer. M. de la Motte-Guerin qui com- ,, mandoit dans ces Isles du temps que j'y étois dé- ,, tenu (1) m'assura que ce prisonnier étoit le Duc ,, de *Beaufort* qu'on disoit avoir été tué dans l'Isle ,, de Candie au siége fait par les Turcs, & dont ,, on ne put retrouver le corps, suivant toutes les ,, relations de ce temps-là. Si l'on considere en ef- ,, fet l'esprit remuant du Duc de *Beaufort*, & la ,, part qu'il eut à tous les mouvemens de Paris du ,, temps de la fronde, (on l'appelloit le Roi des ,, halles) peut-être ne sera-t'on pas surpris du ,, parti violent qu'on prit pour s'en assurer ; d'au- ,, tant plus que la charge de Grand-Amiral le met- ,, toit journellement en état de traverser les grands ,, desseins du Ministre chargé du département de ,, la marine. Cet Amiral qui paroissoit si dangereux ,, fut remplacé par le Comte de Vermandois fils du ,, Roi & de Madame de la Valliere".

Réfutation de cette opinion. Lors de la détention du Prisonnier masqué, l'autorité de Louis XIV étoit affermie, & la puissance royale au plus haut dégré ; il est donc peu probable que l'on craignît
assez

____

(1) Comme Auteur des fameuses Philippiques.

aſſez le Duc de Beaufort pour prendre à ſon égard
de telles précautions, tandis qu'un ſeul mot ſuffi-
ſoit pour le déplacer ou l'exiler. D'ailleurs il y
avoit - bien longtemps que le Duc de Beaufort étoit
rentré dans ſon devoir, & depuis ce temps on avoit
rien à lui reprocher. En outre le priſonnier au
masque de fer eſt toujours donné comme jeune,
aimant la propreté, la parure ; & le Duc de Beaufort étoit ou auroit dû être alors très vieux, & il
étoit ſingulierement connu par ſa malpropreté en
habits. Enfin un temoin oculaire de ſa mort au ſié-
ge de Candie, témoin aſſurément de poids, M. le
Marquis de Saint - André - Montbrun, en parle en
ces termes. ,, M. de Beaufort n'attendit pas qu'il
,, fût jour pour donner le ſignal de l'attaque: le
,, déſordre ſe mit dans l'armée françaiſe, & pen-
,, dant qu'il ſe précipitoit de tous cotés pour tâcher
,, de les rallier, il fut tué & confondu dans la fou-
,, le des morts. . . . . On n'a jamais bien ſu
,, de quel coup il fut tué, mais on ſait que le
,, Grand - Viſir envoya ſa tête à Conſtantinople où
,, elle fut portée pendant trois jours, par les rues,
,, au bout d'une pique comme une marque de la
,, défaite des Chrétiens''.

Ajoutons encore que quelque grand ſeigneur que
fût le Duc de Beaufort, le gouverneur de la Baſtille n'auroit point été tenu envers lui à des re-
ſpects auſſi marqués que ceux qu'il témoignoit pour
ſon priſonnier ; & pour derniere preuve, c'eut été
de la part de Louis XIV ou de ſon miniſtere une
cruauté auſſi ridicule qu'inutile.

II°. *Ce Priſonnier étoit le Comte de Verman-*
  dois fils du Roi & de Madame de la
  Valliere.

Ce ſentiment fondé ſur le récit de l'Auteur des
Mémoires ſecrets, eſt appuyé encore par le Jeſui-
te Griffet qui avoit été longtemps confeſſeur de la
Baſtille, qui avoit feuilleté le papiers les plus ſecrets des Archives de ce château, & dont le ſuf-
frage

frage à cet égard eſt d'un poids conſidérable. Voici ce que diſent les *Mémoires ſecrets.* ,, Le Comte
,, de Vermandois fils naturel & bien aimé de
,, Louis XIV, à peu près du même âge que le
,, dauphin, mais d'un caractere tout à fait oppoſé
,, au ſien, s'oublia un jour au point de lui donner
,, un ſoufflet. Cette action ayant trop éclaté pour
,, reſter impunie le Roi le fit partir pour l'armée,
,, & donna ordre à un confident intime de faire ſe-
,, mer peu après ſon arrivée le bruit qu'il étoit at-
,, taqué d'une fievre maligne & contagieuſe, afin
,, d'éloigner tout le monde de lui; de le faire paſ-
,, ſer enſuite pour mort, & tandis qu'aux yeux des
,, troupes on lui feroit des obſeques ſplendides, de
,, le conduire en grand ſecret à la citadelle de l'Iſle
,, Sainte Marguerite : ce qui fut exécuté. Le Com-
,, te de Vermandois ne ſortit de cette priſon que
,, pour être transféré à la Baſtille où il mourut quel-
,, ques années aprés". Le même auteur ajoute que
le Comte de Vermandois s'aviſa un jour de graver
ſon nom ſur le fond d'une aſſiette avec la pointe
d'un couteau ; qu'un domeſtique ayant fait cette
découverte, crut bien faire ſa cour en portant cette aſſiette au Commandant, & ſe procurer une récompenſe , mais que ce malheureux fut trompé
dans ſon attente , & que l'on ſe défit de lui ſur le
champ, afin d'empêcher que le ſecret ne fût di-
vulgué.

Réfutation de cette opinion. Le narrateur de cette
anecdote commence par dire que le Dauphin & le
Comte de Vermandois étoient à peu près du même
âge; mais cela n'eſt pas. Le Dauphin né en 1651
étoit plus âgé de ſix ans que le Comte de Vermandois né en 1667. Lors du prétendu ſoufflet le Comte avoit 16 ans & le Dauphin 22, il étoit même deja marié & avoit un fils, le Duc de Bourgogne.
Ainſi ce n'étoient pas deux enfans de 12 ou 13
ans, qui jouant enſemble, peuvent en venir à ſe
fâcher & ſe frapper. D'ailleurs le Comte de Vermandois étoit doux, poli, careſſant, ſa figure rap-
pelloit toutes les grâces de ſa mere. Vers la fin de
l'année 1682 Louis XIV ayant ſu qu'il s'étoit trouvé

vé dans quelques parties de débauche un peu ou-
trée, lui fit une févere reprimande, & le bannit de
la Cour pour quelque temps. Il n'y reparut qu'à la
fin d'octobre 1683 pour prendre congé, devant partir pour fa première compagne, ce qui étoit deja dé-
cidé depuis plus de trois mois: & ce qui fait abfolument tomber la fable du *foufflet*. Car on ne dit pas
que cette action violente ait eu lieu avant fa petite disgrace; il faut donc qu'il l'ait commife à fon
retour à la Cour: mais on eft certain qu'il n'y refta
que quatre jours, & on connoit l'emploi total de
ces quatre jours: il étoit d'ailleurs très-mortifié de
la punition qu'il venoit d'éffuyer, & bien éloigné
alors de fe porter à aucun excès.

En outre il y a toujours trop de perfonnes autour
du Dauphin pour qu'une action auffi inouie n'ût
pas à l'inftant été publique. Toutes les relations de
ce temps là portent que le Comte de Vermandois
fe trouva mal le 12 novembre au foir; que le lendemain la fievre maligne fe déclara, & qu'il en mourut le 18. Louis XIV & tout fon confeil n'avoient
pas le pouvoir de lui envoyer cette fievre maligne;
il fallut donc perfuader à ce Prince fi *violent*, fi
emporté de faire le malade pendant fix jours; il fallut donc auffi corrompre les médecin, ou les mettre dans la confidence; & ce M. *Goslas* ce prêtre fi
pieux que Madame de la Valliere attacha à fon fils
pour le fuivre à l'armée & qui revint défolé de la
mort de fon jeune maître dont il avoit recueilli le
dernier foupir, l'avoit-on auffi gagné? Sa douleur n'étoit-elle qu'une farce, & fon récit une hypocrifie?

Toutes ces improbabilités fuffifent fans doute
pour détruire l'opinion que le Comte de Vermandois fut le prifonnier au masque de fer.

On a fait des combinaifons fur le nom *Marchialy*
qu'on lui donne fur le regiftre mortuaire, nom vi-
fiblement controuvé & fabriqué exprès: ce qu'il y
a de fingulier c'eft ce que ce nom bifarre eft l'Anagramme des deux mots latins *hic Amiral* [en français *ici eft* ou *ici gît l'Amiral*, en fous entendant
Jacet.] Effectivement le Comte de Vermandois
                                    étoit

étoit nommé Amiral de France: mais cette particularité conviendroit également à M. de Beaufort qui a été aussi Amiral. D'ailleurs l'Anagramme n'est pas juste, en ce qu'il faudroit un *i* au lieu d'un *y*.

A l'égard de l'âge, celui du prisonnier masqué ne conviendroit pas plus au Comte de Vermandois qu'au Duc de Beaufort: l'un étoit beaucoup trop jeune, l'autre beaucoup trop vieux.

III°. *Ce prisonnier étoit le Duc de Montmouth, fils de Charles II Roi d'Angleterre & de Lucie Walters.*

(Son histoire est si singuliere qu'elle mérite qu'on s'y étende un peu) — L'extrême affection que le peuple Anglais avoit pour le Duc de Montmouth, & l'idée que la nation n'attendoit qu'un chef pour chasser Jaques II, lui firent former une entreprise qui auroit peut-être réussi, si elle eut été conduite avec plus de prudence. Il débarqua à *Lime* dans le Comté de Dorset, n'ayant que 120 hommes à sa suite; bientôt il en attroupa jusqu'à 6000. Quelques villes se déclarerent pour lui; il s'y fit proclamer *Roi*, soutenant que sa naissance étoit légitime, & qu'il avoit les preuves du mariage de Charles II avec sa mere; il livra bataille à l'armée royale, & déja la victoire se déclaroit pour lui, lorsque la poudre & les balles manquerent à ses troupes; le Lord *Grai* qui commandoit sa Cavalerie, l'abandonna lâchement. Au milieu des siens qui fuyoient de toutes parts, le malheureux Montmouth ne put échaper aux vainqueurs; il fut conduit à Londres, & condamné à perdre la tête le 15 Juillet 1685. l'exécution se fit avec toutes les formalités ordinaires; mais dit M. *Hume* ses partisans se flatterent (avec quelque fondement) que ce n'étoit pas le Duc de Montmouth qui fut exécuté, mais quelqu'un de ses affidés qui, condamné à la mort comme lui, & ressemblant beaucoup à ce Prince, eut le courage & la bonne volonté de mourir

rir à ſa place, & de lui donner cette preuve de ſon extrême attachement.

Il eſt certain que le bruit courut dans Londres qu'un officier de ſon armée étoit mort pour lui, & que ſur ce bruit une dame de grande qualité, ayant gagné à force d'argent ceux qui pouvoient ouvrir ſon cercueil, l'examina au bras droit, & s'écria avec ſaiſiſſement: *ab! ce n'eſt pas lui.*

Mais ſans s'arrêter à ces oui-dire, le caractere timoré de Jâques II, & les circonſtances politiques s'accordent fort bien avec cette opinion. Le Roi Jaques lié par un ſerment ſolemnel de reſpecter conſtamment le ſang de ſon beau-frere, ſe laiſſa facilement aller à l'idée de ſauver les jours au malheureux Montmouth, en le faiſant paſſer en lieu de ſûreté; & où le pouvoit-il mieux qu'en France, où Louis XIV y étoit pour ainſi dire engagé par un intérêt commun? En effet ſi le Roi Jâques venoit à avoir un fils, alors le Duc de Montmouth étoit deſtiné à finir ſes jours entierement ignoré; mais dans le cas contraire, Montmouth remis en liberté, devenoit un concurrent bien redoutable au Prince d'Orange dont le caractere ſec, dur, & les manieres froides étoient peu propres à lui concilier l'affection des Anglais.

Quant à la ſuppoſition d'un autre coupable à la place du Duc de Montmouth, elle n'a rien d'impoſſible, ni même de trop romanesque, quand on conſidere combien il étoit adoré de ſes amis.

Enfin que l'on cherche, qu'on liſe, qu'on réfléchiſſe ſur tous les événemens de ces temps-là; trouvera-t'on, non pas ſeulement en France, mais dans toute l'Europe, un prince quelconque, à l'égard de qui on puiſſe imaginer qu'il ait été d'une telle importance qu'on ignorât ſa détention, & que l'on prît toutes les précautions dont on uſoit pour le cacher, ſi ce n'eſt le Duc de Montmouth. Qu'on en cherche un autre dont l'âge s'accorde auſſi bien avec celui du priſonnier masqué? La taille, la voix, l'accent même qui, ſelon le rapport du chirurgien *Nelaton*, homme ſans intérêt, qui fut un jour appellé pour le ſaigner, & qui ſans ce-

pendant

pendant lui voir la tête qu'on avoit enveloppée
d'une serviette, reconnut sur le champ à son accent
qu'il étoit Anglais: tout cela dépose en faveur de
cette opinion. Enfin pour preuve derniere, le nom
de *Macmouth* écrit avec un couteau sur l'assiette
qu'il lança par sa fenêtre, & qui ne fut lû ainsi, que
parce qu'il n'étoit pas tracé assez bien.

I I

René - Auguste - Constantin de *Renneville*, le plus
jeune de 12 freres tous militaires, dont sept avoient
péri les armes à la main au service du Roi, fut enfermé onze ans & un mois dans le Château ou prison royal de la Bastille. Il étoit de Caen en Normandie, d'une famille distinguée, originaire d'Anjou. Après avoir servi en qualité d'officier, il fut
envoyé dans plusieurs Cours étrangeres pour négo-
cier des affaires importantes. De retour en France
il fut parfaitement bien reçu de M. de Chamillart
& de M. de Torcy; le premier, s'employa même
pour lui obtenir quelque emploi lucratif, & sa
fortune paroissoit assurée, lorsque la malignité ou
la jalousie lui susciterent de misérables tracasseries
qui le plongerent bientôt dans le plus affreux des
précipices.

L'origine de ses malheurs vint par des Bouts-
rimés qu'il se permit de faire, & dans lesquels la
France n'étoit pas assez ménagée. Nous croyons
qu'on ne sera pas fâché de les trouver ici, d'autant plus qu'ils commencent à devenir rares.

MADRIGAL en faveur de la France & de l'Espagne alliées contre l'Autriche, par allusion aux termes du Piquet Quinte & Quatorze, signifiant Philippe V & Louis XIV.

Contre *Quinte* & *Quatorze* on n'a jamais beau jeu,
On est même en danger de perdre la partie;
Des plus sages conseils toute la force unie
    Ne sert de rien, ou sert de peu.
Peuples, qui vous liguez, Qu'avez-vous qui balance
    Ou votre perte, ou votre gain?
    Combattant l'Espagne & la France
Vous trouverez toujours *Quinte* & *Quatorze* en main.

Réponse de M. de Renneville en Bouts-rimés.

Contre Quinte & Quatorze on peut faire *beau jeu,*
On est même assuré de gagner la *partie;*
Aux plus sages conseils notre force est *unie,*
Votre *Quatorze* est nul, votre *Quinte* est trop *peu.*
Le ciel qui voit ce jeu fait pencher la *balance*
    Pour votre perte & notre *gain*
Nous ferons un repic : & l'Espagne & la *France*
Se trouveront capot, *Quinte* & *Quatorze* en *main.*

Malgré l'aveu ingénu qu'il fit au Ministre de cette légere folie, & l'excuse qu'il lui en demanda, en protestant que ce n'étoit qu'un badinage d'esprit où le cœur n'avoit point de part, on ne put pardonner cette saillie à M. de *Renneville*. On prétexta des lettres reçues de Hollande, & un matin à quatre heures, au moment où il s'y attendoit le moins, un Exempt & deux hoquetons lui ayant fait ouvrir sa porte, lui presenterent le bout de leurs carabines, en l'arrêtant de la part du Roi & lui ordonnant de les suivre; ils le menerent à la
Bastil-

Baftille où il fut détenu depuis le 16 mai 1702 jusqu'au 16 juin 1713; il affure qu'il ne put jamais découvrir le motif ni le prétexte de fa détention. A fon arrivée au Château il fut enfermé dans la premiere chambre de la tour du *Coin*, où Henri de Montmorenci Duc de Luxembourg, les Marechaux de Biron & de Baffompierre avoient été-détenus. C'eft dans cette même chambre que M. le Maître de Saci, mis à la Baftille le 14 mai 1666, avoit fait pendant un fejour de 2 ans la plus grande partie de fa verfion de la Bible.

A fa fortie, M. de *Renneville* fe retira à Londres où il compofa fon *Inquifition françaife* ou Hiftoire de la Baftille, imprimée dabord en 2 volumes, & dédiée à George I; enfuite réimprimée en 5 volumes, groffie par un grand nombre d'Hiftoires particulieres peu vraifemblables, & qui n'ont fait que gâter la bonté primitive de cet Ouvrage. Ce livre eft aujourd'hui rare & fort cher; les détails qu'il donne fur la topographie du Château font à peu près les mêmes que ceux que l'on trouve ici, mais le régime eft devenu tout à fait différent. Du refte M. de *Renneville* étoit amateur des belles-lettres, furtout de la Poëfie, & l'on trouve dans fon Hiftoire des fragmens que les meilleurs Poëtes de fon temps ne défavoueroient pas.

III.

C'eft encore dans cette même Chambre de la tour du *Coin* que M. de *Voltaire* fut renfermé dans fa jeuneffe par ordre du Régent. On l'accufoit entre autres chofes d'être l'auteur de ce Couplet fur l'air de Joconde alors fort à la mode.

Enfin votre esprit eft guéri

Des craintes du vulgaire,

Grande Ducheffe de Berri,

Confommons le myftere;

Un autre *Loth* vous fert d'époux,
Mere des *Moabites*,
Faites encor fortir de vous
Un peuple d'*Ammonites.*

Voltaire ne refta pas longtemps à la Baftille ; il eut le bonheur de fe tirer d'affaire par le moyen de fes amis & d'une autre Epigramme dans laquelle il prouvoit que les Moabites & les Ammonites lui étoient totalement inconnus, parce que, difoit-il,

Un homme qui fort des Jéfuites
Ne connoît que les Sodomites.

Il fut peu après préfenté au Régent qui lui ayant offert fort gracieufement fa protection, ,, la feule ,, chofe, dit Voltaire, que je prends la liberté de ,, demander à Votre Alteffe Royale, c'eft qu'à l'a- ,, venir Elle veuille bien ne plus fe mêler de mon ,, logement''.
Quelques mois après fon entrée à la Baftille, M. de Voltaire fut mis dans la tour de la *Bafiniere*, & c'eft là que plus de la moitié de la Henriade fut compofée. Ce poëme ne fut connu dabord que fous le titre de la *Ligue*.

- -

I V.

L'Abbé *Lenglet du Frenoi* fut renfermé dix ou douze fois à la Baftille; une fois entre autres à la réquifition du Duc d'Albermale pour lors Ambaffadeur d'Angleterre à Paris. Son Excellence trouvoit mauvais que l'Abbé eût placé dans un de fes ouvrages le nom du Roi Jâques, comme Roi d'Angleterre, immédiatement après le nom du Roi Charles II. Tout le monde fait que le pauvre Abbé étoit fi bien accoutumé aux *promenades du faubourg Saint Antoine*, ainfi qu'il les appelloit lui-même,

que

que dès qu'il voyoit paroître l'Exempt *Tapin*, aussi-
tôt sans lui donner le temps de s'expliquer, *Allons
vîte*, disoit-il à sa gouvernante, *mon petit paquet,
du linge, du tabac.*

V.

Madame *de Staal*, une des femmes de Madame
la Duchesse du Maine, fut renfermée à la Bastille
à l'occasion des intrigues de cette Princesse avec la
Cour d'Espagne, & par ce qu'on la regardoit comme sa confidente. Dans ses Mémoires cette Dame
raconte la maniere dont elle fut traitée dans ce Château royal; ce qui s'approchoit point alors de la
dureté qu'on exerce aujourdhui envers les prisonniers. Le Lieutenant de Roi étoit même devenu
amoureux d'elle, & cet attachement apportoit beaucoup d'adoucissement à son sort, quoiqu'elle fût
d'ailleurs observée avec beaucoup de soin. Ce qui
lui arriva à l'occasion d'une petite incommodité
mérite de trouver place ici; on y verra la circon-
spection d'un Médecin de Bastille.

„ J'eus quelque indisposition (dit Madame de
Staal) pour lequel on fit venir M. Herment Médecin ordinaire de la Bastille. Le Lieutenant de
Roi me le présenta dans le jardin où nous nous
promenions alors. Quoique je fusse sous la plus
étroite garde, comme notre Lieutenant se relâchoit
volontiers en ma faveur au moindre prétexte, il
s'éloigna de nous, en me disant qu'il ne falloit
point de tiers dans les entretiens qu'on a avec son
médecin : nous continuâmes donc à nous promener,
& quand M. Herment vit qu'on ne pouvoit plus
nous entendre, il me prit la main, & baissant la
voix, Vous avez, me dit-il, des amis & de très
bons amis, des amis capables de tout pour vous ;
j'en ai vu un qui s'intéresse bien particulierement à
ce qui vous regarde. ——— Ah! monsieur, lui-
dis je avec émotion, vous auroit-il chargé de quelque chose pour moi ? ——— Oui, reprit-il, il
connoît ma discrétion, je sais la vôtre: il ma dit

G 3

de

de vous demander ce qui pouroit vous être utile, si vous n'auriez pas besoin d'un Couvre-pied? ——— Eh! Bon Dieu, lui dis-je, quel est cet ami si en peine de savoir si l'on a ici les pieds chauds? ——— C'est, me répondit-il, M. Bignon Conseiller d'état. — Rendez lui grâce de ma part, repris-je en colere, & dites-lui que ce qui l'inquiette est assurément la moindre des choses que je voudrois demander à un ami.

V I

Il ne faut pas laisser dans l'oubli un bon mot du Régent. Le Comte de L..... enfermé à la Bastille pour la même affaire que Madame de Staal, faisoit tous ses efforts pour intriguer au dehors, & ayant gagné le Chirurgien qui servoit aussi d'Apothicaire, il prétexta une maladie pour laquelle il se fit ordonner deux *lavemens* par jour. Le Régent qui entroit dans les moindres détails de ce qui concernoit les prisonniers, examinant les Mémoires du Chirurgien de la Bastille, l'abbé Dubois qui étoit présent se récria sur cette quantité de *lavemens:* le Régent lui dit en souriant: Va, mon cher Abbé, puisqu'ils n'ont que cet amusement-là, ne le leur otons pas.

V I I.

Charles de Gontault Duc de Biron, Pair, Amiral, & Maréchal de france, quoique comblé des bienfaits d'Henri IV, eut la faiblesse de traiter avec les ennemis de l'Etat (les Espagnols & le Duc de Savoie) qui le flatterent de lui donner en souveraineté le Duché de Bourgogne & la Franche-Comté pour dot d'une fille du Roi d'Espagne ou du Duc de Savoie qu'ils promettoient de lui donner en mariage. Henri IV ayant découvert le

com-

complot en parla à Biron qui nia ouvertement fon crime avec obftination. Le Parlement de Paris inftruifit fon procès; il fe trouva convaincu du crime de haute trahifon contre la patrie, & fut condamné par arrêt du 29 *Juillet* 1602 à avoir la tête tranchée: ce qui fut exécuté le 31 du même mois dans la Cour intérieure de la Baftille. Les Crocs de fer qui retenoient fon échaffaud font encore dans les murs. Les chofes furent difpofées de maniere que de fa chambre il y paffa de plein pied. Il n'étoit âgé que de 40 ans. Son corps fut inhumé à la paroiffe de Saint-Paul. Il y a des copies manuscrites du procès du Duc de Biron à la Bibliotheque royale, à celle de Saint Germain des prés, & de la Ville de Paris.

C'eft de lui que parle M. de Voltaire dans fon immortel poëme de la Henriade, en faifant l'énumeration des feigneurs qui combattoient avec Henri IV contre les Ligueurs:

On voyoit près de lui briller tous ces guerriers,

Compagnons de fa gloire & ceints de fes lauriers.

D'Aumont qui fous cinq Rois avoit porté les armes,

Biron dont le feul nom répandoit les allarmes,

Et fon fils, jeune encore, ardent, impétueux,

Qui depuis . . . . mais alors il étoit vertueux.

Cette illuftre maifon de *Biron* étoit depuis longtemps attachée aux intérêts des Rois. Le pere de celui dont il eft ici queftion étoit un grand homme de guerre; il commandoit à Ivri le corps de referve de l'armée de Henri IV, & contribua beaucoup au gain de la Bataille en fe préfentant à propos à l'ennemi. Après la victoire il dit au Roi: Sire, vous avez fait ce que devoit faire Biron, & Biron ce que devoit faire le Roi. Il fut tué d'un coup de canon en 1592 au fiége d'Epernai.

Le Crime de fon fils étoit d'autant plus impardonnable qu'il devoit la vie à Henri IV, qui lui-même l'avoit fauvé de fa propre main au combat de Fontaine-Françaife. C'eft ce que peint avec

tant

tant de noblesse M. de Voltaire, quoiqu'en trans-
portant ce fait à la bataille d'Ivri; licence bien
permise dans un Poëme héroïque qui ne doit point
être une Gazette.

> Le généreux Bourbon fut bientôt le danger
> Où Biron trop ardent venoit de s'engager;
> Il l'aimoit, non en Roi, non en Maître sévere,
> Qui souffre qu'on aspire à l'honneur de lui plaire,
> Et de qui le cœur dur, & l'inflexible orgueil
> Croit le sang d'un sujet trop payé d'un coup d'œil.
> Henri de l'amitié sentit les nobles flammes:
> Amitié, don du ciel, plaisir des grandes ames,
> *Amitié que les Rois, ces illustres ingrats*
> *Sont assez malheureux pour ne connoître pas!* (1)
> Il court le secourir. Ce beau feu qui le guide
> Rend son bras plus puissant & son vol plus rapide.
> Biron qu'environnoient les ombres de la mort
> A l'aspect de son Roi fait un dernier effort,
> Il rappelle à sa voix les restes de sa vie,
> Sous les coups de Bourbon, tout s'écarte, tout plie;
> Ton Roi, jeune Biron, t'arrache à ces soldats
> Dont les coups redoublés achevoient ton trépas.
> Tu vis....... songe du moins à lui rester fidele.

VIII.

François de Bassompierre, Maréchal de France,
né le 2 Avril 1597, se signala toujours par sa conduite & par son courage. Sa haute réputation faisant

(1) Les deux plus beaux Vers, & les plus vrais peut-être, qui
aient jamais été faits en aucune langue....... ô Maîtres de la
terre! toujours trompés & souvent trompeurs, que votre sort est
peu digne d'envie!

fant ombrage au Cardinal Richelieu, ce Ministre
le fit renfermer à la Bastille le 25 Fevrier 1631.
Bassompierre ne recouvra sa liberté que le 19 Janvier 1643 au bout de 12 ans, après la mort de son
ennemi. Il y composa ses Mémoires & mourut
en 1646, des suites d'une incommodité qu'il gagna
pendant sa longue détention.

I X.

En 1674 les Bagages de *Louis* Chevalier de
Rohan Grand-Veneur de France ayant été pris,
& fouillés dans une escarmouche à l'armée, on y
trouva des lettres qui firent soupçonner qu'il avoit
fait un traité pour livrer le *Havre de Grâce* aux
Anglais, il fut arrêté & mis à la Bastille. Le
sieur de la Tuanderie son entremetteur se cacha.
Les preuves n'étoient pas suffisantes: on nomma
une Commission pour instruire cette affaire comme
crime de haute trahison. La Tuanderie fut découvert à Rouen; on y alla pour l'arrêter, mais il
fit feu sur les assaillans, & se fit tuer sur la place.
Des gens attachés au Chevalier de *Rohan* alloient
la nuit autour de la Bastille corner dans des Porte-
voix: *La Tuanderie est mort & n'a rien dit.* Ils ne
furent point entendus du Chevalier. Les Commissaires instruits de cette circonstance en profite-
rent pour l'intimider & lui arracher des aveux: ils
lui dirent que le Roi savoit tout, qu'ils avoient
des preuves en main, mais *que l'on vouloit seulement son aveu,* & qu'ils étoient autorisés à lui promettre sa grâce s'il déclaroit la vérité. Le Chevalier trop crédule avoua tout. Alors les perfides
Commissaires changerent de langage; ils lui dirent
que pour la grâce ils ne pouvoient pas précisément
en repondre, mais qu'ils avoient seulement espérance de l'obtenir, & qu'ils alloient la solliciter.
Ils s'en mirent peu en peine & condamnerent le
Chevalier à perdre la tête. On le conduisit de
plein-pied à l'échafaud par une gallerie dressée à

G 5

la

la hauteur de la fenêtre de la Salle d'armes de l'Arfenal qui donne fur la petite place au-bout de la rue des Tournelles. Il fut décollé le 27 Novembre 1674. Son Procès eft à la Bibliotheque Royale ; & l'on peut voir à ce fujet les Mémoires du Marquis de Beauveau, Cologne 1688, page 407.

X.

La détention de *Roger - de - Rabutin* Comte de *Buffi*, Lieutenant - Général des armées du Roi, & Meftre de camp Général de la Cavalerie légere, Auteur de plufieurs ouvrages très - eftimés & fort curieux pour l'intelligence des événemens du fiecle de Louis XIV, ne paroît point avoir eu de motif bien déterminé, fi ce n'eft la punition qu'on vouloit lui faire fubir pour quelques traits fatiriques répandus dans une piéce fecrete que l'on foupçonne être la Comédie de la *Comteffe d'Olonne;* ou l'Hiftoire des amours de Madame de Chatillon, manuscrit dans lequel le Prince de Condé étoit affez maltraité, & dont les ennemis de M. de Buffi-Rabutin avoient encore augmenté la malignité, en y inférant de traits bien plus envenimés & plus méchans.

Une dame (M^{de} de la Beaume) avec qui M. de Buffi avoit été parfaitement bien, & qui par jaloufie ou autre caprice de femme, s'étoit brouillée avec lui, fut la principale caufe de fa détention. Il avoit eu la faibleffe de lui confier ce manuscrit : elle en tira une copie qu'elle falfifia à fon gré, & eut enfuite la lâcheté indigne de la faire parvenir à M. le Prince & au Roi, qui tous deux en furent très-irrités. Elle pouffa même l'inimitié jufqu'à en parler à S. M. Enfin le 17 avril 1665 on vint arrêter M. de Buffi. ,, Je n'en fus pas trop furpris, dit - il dans fes Mémoires, car bien que j'euffe quelquefois des rayons d'efpérance, ma mauvaife fortune qui me faifoit toujours craindre, me faifoit toujours prendre tout au
au

au pis; ainsi j'eus le cœur & la contenance ferme
en cette rencontre. Ce fut un Exempt des Gardes
du corps qui m'arrêta d'abord, & un moment après
arriva un Chevalier du guet qui me dit qu'il avoit
ordre du Roi de me fouiller, mais qu'il porteroit à
Sa Majesté ce que je lui remettrois. Je lui répon-
dis que je lui donnerois tout, hormis des lettres de
ma maitresse si j'en avois, & sur cela je vuidai mes
poches en sa présence, je lui dis ensuite de passer
dans mon Cabinet où étoient mes livres & manuscrits. Quand nous y fûmes, tenez, lui dis-je, en
lui donnant le Manuscrit que le Roi m'avoit rendu,
voila la pierre de scandale, voila pourquoi vous
m'arrêtez, le Roi l'a eu quatre jours, reportez-le
encore à Sa Majesté si vous voulez. Il le prit,
après quoi il me mena dans son carosse à la Bastille."

„ En y faisant bien réflexion, ne trouvera-t'on
pas qu'il est inoui qu'on ait jamais arrêté un homme de qualité, qui a bien servi à la guerre & qui
est pourvu d'un grande charge, pour avoir écrit,
sans dessein que cela devînt public, les amours de
deux Dames que tout le monde savoit, & sur la
simple accusation, sans preuves, d'avoir écrit contre le Roi & contre la Reine-mere? Cependant si
j'eusse été convaincu d'intelligence avec les ennemis de l'état, on ne fut pas allé plus vîte & je
n'eusse pas été traité plus rudement."

„ Le sur-lendemain 19 Avril, Baisemaux Gouverneur de la Bastille vint me dire que le Lieutenant-Criminel alloit monter pour m'interroger de
la part du Roi."

„ Quoique ce fût-là pour un homme innocent
le chemin de sortir bientôt d'affaire, je ne laissai
pas que de trouver de l'aigreur dans ce procédé,
mais sans en rien témoigner. Un moment après je
vis entrer M. Tardieu Lieutenant-Criminel accompagné de son Greffier & d'un Commis. Le Lieutenant-Criminel commença par me dire qu'il étoit
bien faché de me voir-là, qu'il falloit que je prisse
cette mortification comme venant de la main de
Dieu, & que tout le monde disoit que ma maniere

de

de vivre l'avoit bien mérité. Je trouvai ce discours fort impertinent ſurtout dans un tel moment. Je ne ſuis pas dévot, lui dis-je, mais je ne ſuis pas impie, & ſi tous ceux qui valent moins que moi étoient à la Baſtille il y auroit peu de gens de reſte pour les interroger: mais, Monſieur, ajoutai je, eſt-ce ſur cette matiere que vous avez ordre de me parler? non, Monſieur, me repondit il, j'ai d'autres choſes à vous dire, & là deſſus nous étant aſſis, je viens ici par ordre du Roi, continuat-t'il, & afin que vous n'en doutiez pas, Monſieur, voici ma Commiſſion; en diſant cela il me préſenta une Lettre de cachet. Je n'ai que faire de la voir, lui répondis-je: car bien que vous ne ſoyez pas mon juge, j'ai tant de reſpect pour les volontés du Roi que s'il m'avoit envoyé un Valet de pied pour m'interroger, je lui répondrois comme à vous". ――

„ Après cette petite escarmouche il procéda à l'interrogatoire. A la ſuite de diverſes queſtions, il me demanda ſi je n'avois rien écrit contre le Roi? je lui dis qu'il m'offenſoit de me faire cette demande; qu'il n'y avoit pas d'apparence qu'ayant ſervi trente ans avec honneur, & ayant droit d'attendre chaque jour des grâces de Sa Majeſté, je vouluſſe lui manquer de reſpect, & que pour fonder un tel ſoupçon il falloit de mon écriture ou des témoins irréprochables".

„ Après ce premier interrogatoire, le Lieutenant criminel me dit qu'il alloit rapporter le tout au Roi, & que dans quelques jours il reviendroit: mais il fut hors d'état de me tenir parole; car cinq jours après, lui & ſa femme furent aſſaſſinés en plein midi dans leur maiſon par deux freres gentils-hommes qui leur étoient allés demander de l'argent dont ils avoient un extrême beſoin, & qui les tuerent ſur ce qu'en les refuſant ils avoient crié au voleur."

„ Ce Magiſtrat avoit ſi publiquement trafiqué de la juſtice toute ſa vie que ſa mort fut regardée comme un châtiment du ciel; & l'nfame avarice de ſa femme qui ne lui permettoit pas, avec les
biens

biens immenses qu'ils possedoient, d'avoir seulement un valet, fut la principale cause de leur
malheur. (1)"

„ Ma femme eut la douleur qu'elle devoit avoir
de ma prison, & le Duc de Saint-Aignan l'étant
venu visiter le jour même que je fus arrêté, il lui
dit que parlant de moi à Sa Majesté, le Roi lui
avoit dit que c'étoit *pour mon bien* qu'il m'avoit
fait mettre à la Bastille, & que je m'étois fait
tant d'ennemis que je courois risque sans cela
d'être assassiné. (*Bravo, ma foi!* Voila ce qui
s'appelle enfoncer le poignard avec grâce. Et
c'est un Roi qui parle! .... juste ciel! où en
sommes nous ?)

Pen-

(1) Il n'y a jamais eu d'exemple d'une lézinerie,
d'une avarice pareille à celle du Lieutenant-Criminel
Tardieu & de sa femme nommée Marie Ferrier. C'est
d'elle que Racine a dit dans ses plaideurs :

> *Elle eut du Buvetier emporté les serviettes*
> *Plutôt que de rentrer au logis les mains nettes.*

Quelque familier que Despréaux soit à tout le monde, nous ne pouvons résister à l'envie de placer ici le
portrait qu'il fait de ce couple misérable, dans sa fa-
meuse Satire contre les femmes. Les beaux vers font
toujours plaisir, & le Lecteur les trouvant ici sera dis-
pensé de les chercher ailleurs. Au reste il ne s'agit point
de fiction, c'est le tableau véritable du ménage de l'avare *Tardieu* que tout Paris a connu.

> Dans la robe on vantoit son illustre maison,
> Il étoit plein d'esprit, de sens & de raison,
> Seulement pour l'argent un peu trop de faiblesse
> De ses vertus en lui ravalloit la noblesse :
> Sa table toute-fois sans superfluité
> N'avoit rien que d'honnête en sa frugalité ;

Chez

Pendant le cours de fa détention qui fut de treize mois. M. de Buffi _ Rabutin ne fut pres·que pas un jour fans folliciter, fans écrire pour qu'il plût au Roi ou de lui rendre fa liberté, ou de faire terminer l'inftruction de fon affaire, s'il étoit vrai qu'il fût coupable; enfin le chagrin de ne pouvoir réuffir auprès de S. M. joint à celui qu'il eut d'être forcé de fe défaire de fa charge,

lui

Chez lui deux bons chevaux de pareille encolure
Trouvoient dans l'écurie une pleine pâture,
Et du foin que leur bouche au râtelier laiffoit
De furcroît une mule encor fe nouriffoit.
Mais cette foif de l'or qui le bruloit dans l'ame
Le fit enfin fonger à choifir une femme,
Et l'honneur dans ce choix ne fut point regardé;
Vers fon trifte penchant fon naturel guidé,
Le fit dans une avare & fordide famille
Chercher un monftre affreux fous l'habit d'une fille;
Et fans trop s'enquérir d'où la laide venoit
Il fut, ce fut affez, l'argent qu'on lui donnoit......
Il l'époufe & bientôt fon hoteffe nouvelle
Le prêchant, lui fit voir qu'il étoit, au prix d'elle,
Un vrai diffipateur, un parfait débauché:
Lui même le fentit, reconnut fon péché,
Se confeffa prodigue, & plein de repentance
Offrit fur fes avis de régler fa dépenfe.
Auffi-tôt de chez eux tout roti disparut,
Le pain bis renfermé d'une moitié décrut;
Les deux chevaux, la mule, au marché s'envolerent,
Deux grands laquais à jeun, fur le foir s'en allerent,
De ces coquins déja l'on fe trouvoit laffé,
Et, pour n'en plus revoir, le refte fut chaffé,
Deux fervantes déja, largement fouffletées,
Avoient à coups de pied descendu les montées,

Et

lui donna une maladie aſſez ſérieuſe pour faire
craindre qu'il ne mourût à la Baſtille. Les Ministres

> Et ſe voyant enfin hors de ce triſte lieu
> Dans la rue en avoient rendu grâces à Dieu.
> Un vieux valet reſtoit, ſeul chéri de ſon maître,
> Que toujours il ſervit, & qu'il avoit vu naître,
> Et qui de quelque ſomme amaſſée au bon temps
> Vivoit encor chez eux , partie à ſes dépens.
> Sa vue embaraſſoit, il fallut s'en défaire,
> Il fut de la maiſon chaſſé comme un Corſaire.
> Voila nos deux époux, ſans valets, ſans enfans,
> Tous ſeuls dans leur logis, libres & triomphans.
> Alors on ne mit plus de borne à la lézine
> On condamna la Cave, on ferma la Cuiſine;
> Pour ne s'en point ſervir, aux plus rigoureux mois,
> Dans le fond d'un grenier on ſéqueſtra le bois.
> L'un & l'autre dèslors vécut à l'aventure
> Des préſens qu'à l'abri de la magiſtrature
> Le mari quelque-fois des plaideurs extorquoit,
> Ou de ce que la femme aux voiſins escroquoit.
> . . . .
> Mais peut-être j'invente une fable frivole :
> Démens donc tout Paris qui prenant la parole,
> Sur ce ſujet encor de bons témoins pourvu,
> Tout prêt à le prouver te dira, *je l'ai vu.*
> Vingt ans j'ai vu ce couple, uni d'un même vice,
> A tous mes habitans montrer que l'avarice
> Peut faire dans les biens trouver la pauvreté,
> Et nous reduire à pis que la mendicité.
> Des voleurs qui chez eux, pleins d'éspérance entrerent
> De cette triſte vie enfin les delivrerent;
> Digne & funeſte fruit du nœud le plus affreux
> Dont l'hymen ait jamais uni deux malheureux.
> > *Boil. Sat. X.*

L'astres qui, ainſi qu'on l'a dit plus haut, n'aiment pas qu'on meure en ce Château, perſuaderent au Roi de l'en faire fortir; & en effet une lettre de cachet fut expédiée par laquelle Sa Majeſté rendoit la liberté à M. de Buſſi-Rabutin, pendant ſa maladie ſeulement, & à condition de revenir ſe conſtituer priſonnier après ſa guériſon. Mais par la ſuite le Roi ne l'exigea pas, & il fut aſſez reconnu que c'étoit aux mauvais ſervices que le Marechal de Turenne lui avoit rendu auprès du Roi, par esprit de vengeance ou de jalouſie ſecrete, que M. de Buſſi avoit véritablement dû ſa disgrace.

Parmi les Placets, Lettres, Billets &c. que M. de Buſſi-Rabutin écrivit dans ſa priſon, on remarque ſurtout une Requête au Roi, en vers, au nom de trois amans priſonniers. Elle eſt fort bien écrite : en voici la derniere ſtrophe qui n'eſt pas la plus mauvaiſe.

> Pardonnez donc, grand Prince, à ces pauvres Amans,
> Ne vous oppoſez plus au cours de leurs tendreſſes,
> Bien que toujours remplis de tendres ſentimens,
> Ils vous ont plus aimé que toutes leurs maitreſſes;
>   Quoi qu'amoureux & quaſi fous,
> Ils n'ont jamais voulu mourir pour leurs Silvies,
>   Et plus de cent fois en leurs vies
>   Ils ont voulu mourir pour vous.

XI

L'aſſaſſinat de *M. Tardieu* & de ſa femme fut commis le 24 avril 1665, vers les 10 heures du matin, par René & François *Touchet*, d'une famille fort honnête d'Anjou, mais non gentils-hommes, comme le dit M. de Buſſi-Rabutin. Ces deux voleurs n'ayant pu ouvrir la porte pour ſortir par ce qu'il y avoit un ſecret à la ſerrure, furent pris dans la maiſon-même, & trois jours après furent condamnés à la roue. Cette maiſon étoit ſituée ſur le quai des Orfévres. On y trouva une ſomme très conſidérable en especes, qui conſola beaucoup les héritiers de la perte de ces parens peu regrétables.

XI.

A l'avénement de Louis XVI au trône, des Miniſtres nouveaux & humains firent un acte de juſtice & de clémence, en reviſant les regiſtres de la Baſtille, & en élargiſſant beaucoup de priſonniers.

Dans leur nombre étoit un *vieillard* qui depuis quarante ſept ans gémiſſoit, détenu entre quatre épaiſſes & froides murailles. Durci par l'adverſité qui fortifie l'homme quand elle ne le tue pas, il avoit ſupporté l'ennui & les horreurs de ſa captivité avec une conſtance mâle & courageuſe. Ses cheveux blancs & rares avoient acquis preſque la rigidité du fer, & ſon corps ployé ſi longtemps dans un cercueil de pierre, en avoit contracté pour ainſi dire la fermeté compacte.

La porte baſſe de ſon tombeau tourne ſur ſes gonds effrayans, s'ouvre non à demi comme de coutume, & une voix inconnue lui dit qu'il peut ſortir.

Il croit que c'eſt un rêve; il héſite, il ſe leve, s'achemine d'un pas tremblant, & s'étonne de l'eſpace qu'il parcourt. L'eſcalier de la priſon, la ſalle, la cour, tout lui paroît vaſte, immenſe, preſque ſans bornes. Il s'arrête comme égaré & perdu : ſes yeux ont peine à ſupporter la clarté du grand jour; il regarde le ciel comme un objet nouveau; ſon œil eſt fixe; il ne peut pas pleurer : ſtupéfait de pouvoir changer de place, ſes jambes malgré lui deviennent auſſi immobiles que ſa langue; il franchit enfin le redoutable guichet.

Quand il ſe ſentit rouler dans la voiture qui devoit le ramener à ſon ancienne habitation, il ne put en ſupporter le mouvement, il fallut l'en faire deſcendre. Conduit par un bras charitable, il demande la rue où il logeoit, il arrive : ſa maiſon n'y eſt plus, un édifice public la remplace. Il ne reconnoit ni le quartier, ni la ville, ni les objets qu'il avoit vus autrefois. Les demeures de ſes voiſins,

H

empreintes dans sa mémoire ont pris de nouvelles formes. En vain ses regards interrogerent toutes les figures, il n'en vit pas une seule dont il eût le moindre souvenir.

Effrayé, il s'arrête & pousse un profond soupir. Cette ville a beau être peuplée d'êtres vivans, c'est pour lui un peuple mort; aucun ne le connoit, il n'en connoit aucun; il pleure & regrette son cachot.

Au nom de la Bastille qu'il invoque & qu'il réclame comme un asile; à la vue de ses habillemens qui attestent un autre siecle, on l'environne. La curiosité, la pitié s'empressent autour de lui. Les plus vieux l'interrogent, & n'ont aucune idée des choses qu'il rappelle. On lui amene par hazard un vieux domestique, ancien portier, tremblant sur ses genoux, qui confiné dans sa loge depuis quinze ans, n'avoit plus que la force suffisante pour tirer le cordon de la porte.

Il ne reconnoit pas le visage du maître qu'il a servi, son nom seul l'en fait ressouvenir. Il lui apprend que sa femme est morte, il y a trente ans, de chagrin & de misere; que ses enfans sont allés dans des climats inconnus; que tous ses amis ne sont plus. Il fait ce récit cruel avec cette indifférence que l'on témoigne pour les événemens passés & presque effacés.

Le malheureux gémit & gémit seul. Cette foule nombreuse qui ne lui offre que des visages étrangers lui fait sentir l'excès de sa misere plus que la solitude effroyable dans laquelle il vivoit.

Accablé de douleur, il va trouver le Ministre dont la compassion généreuse lui fit présent d'une liberté qui lui pese. Il s'incline, & dit: faites-moi reconduire dans la prison d'où vous m'avez tiré. Qui peut survivre à ses parens, à ses amis, à une génération entiere? Qui peut apprendre le trépas universel des siens sans desirer le tombeau? Toutes ces morts qui, pour les autres hommes, n'arrivent qn'en détail & par gradation m'ont frappé dans un même instant. Séparé de la société, je vivois avec moi-même; ici je ne puis vivre ni avec moi, ni

avec

avec les hommes nouveaux pour qui mon désespoir n'est qu'un rêve. Ce n'est pas mourir qui est terrible, c'est mourir le dernier.

Le Ministre fut attendri. On attacha à cet infortuné le vieux portier qui pouvoit lui parler encore de sa femme & de ses enfans. Il n'eut d'autre consolation que de s'en entretenir. Il ne voulut point communiquer avec la race nouvelle qu'il n'avoit pas vu naître; il se fit au milieu de la ville une espece de retraite non moins solitaire que le cachot qu'il avoit habité près d'un demi siecle, & le chagrin de ne rencontrer personne qui pût lui dire *nous nous sommes vus jadis* ne tarda point à terminer ses jours. — *Tableau de Paris.*

X I I.

Les Jésuites du College de *Clermont* situé rue Saint-Jâques à Paris, ayant, dans l'année 1674, invité Louis XIV à honorer de sa présence une Tragédie que leurs écoliers devoient représenter, ce Prince s'y rendit. Ces habiles courtisans avoient eu soin d'inférer dans la piece plusieurs traits de flatterie dont le Monarque, avide d'encens, fut fort satisfait. Lorsque le Recteur du College reconduisoit le Roi, un seigneur de sa suite loua le succès de la Tragédie: Louis XIV dit: faut-il s'en étonner, *C'est mon College.* Les Jésuites ne laisserent pas tomber ce mot. La nuit même, ils firent graver en grandes lettres d'or sur un marbre noir: *Collegium Ludovici Magni*, & le substituerent à l'ancienne inscription qui étoit placée au dessous du nom de *Jesus* sur la porte principale du College: *Collegium Claromontanum Societatis Jesus.* Le matin la nouvelle inscription fut mise à la place de l'ancienne. Un jeune écolier de qualité, agé de 16 à 17 ans, temoin du zele des Reverends Peres, fit les deux vers suivans qu'il afficha le soir à la porte du College.

Abstulit hinc *Jesum*, posuit-que insignia Regis,
Impia gens; alium non colit illa Deum.

                              Traduc-

Traduction.

'La Croix fait place aux lys, & *Jesus - Christ* au Roi:
Louis, ô race impie, est le seul Dieu chez toi.

Les Jésuites ne manquerent pas de crier au Sacrilege ; l'Auteur · enfant fut enlevé & renfermé à la Bastille. L'implacable Société le fit condamner par grâce à une prison perpétuelle, & il fut transféré à la Citadelle de l'Isle Sainte Marguerite. Plusieurs années après il fut ramené à la Bastille. En 1705 il étoit prisonnier depuis 31 ans. Etant devenu héritier de toute sa famille qui possédoit de grands biens, le Jesuite Riquelet, alors Confesseur de la Bastille, remontra à ses confreres la nécessité de faire rendre la liberté à ce prisonnier. La pluie d'or qui avoit forcé la tour de Danaé eut le même effet sur le Château de la Bastille. Les Jésuites se firent un mérite auprès du prisonnier de la protection qu'ils lui accorderent ; & cet homme considérable dont la famille alloit s'éteindre sans le secours de la Société, ne manqua pas de lui donner des preuves étendues de sa reconnoissance.

X I I I.

Le Sieur *Vaillant*, Prêtre vertueux, mais pour son malheur appellant de l'impertinente Bulle dont la sotte extravagance a causé tant de maux en France, par la foiblesse que le Ministere a eue de s'occuper trop des platitudes Ecclesiastiques qu'il ne devoit que mépriser, fut détenu à la Bastille depuis l'année 1728 jusqu'à l'année 1731. Il y fut de nouveau renfermé en 1734. Des personnes livrées à l'illusion, ou séduites, débiterent que ce Prêtre étoit le Prophete *Elie* descendu depuis peu sur la terre, qu'il étoit à la Bastille, mais qu'il en sortiroit miraculeusement &c. &c. Les partisans de cet Ecclesiastique étoient en grand nombre. (Celui des foux est toujours considérable en France comme ailleurs)

leurs) On les appelloit les *Vaillantistes*. Les vexations que l'on exerçoit contre ce pauvre prêtre & ses pieuses austérités lui avoient échauffé l'imagination; il crut lui-même quelque temps qu'il étoit effectivement le Prophete *Elie*. Il s'attendoit à se voir enlever quelque jour dans un tourbillon de feu, & il l'annonçoit bonnement aux Officiers de la Bastille. Le 26 Janvier 1739 le feu prit à sa cheminée, il crut être au moment de son enlévement, mais le feu s'éteignit, & il demeura sous les verrouils comme à l'ordinaire. Alors il se crut obligé de déclarer très sérieusement par écrit à M. Héraut Lieutenant de Police: que *lui Vaillant* n'étoit en aucun sens le *Prophete Elie*, qu'il ne le représentoit pas, & n'avoit même aucune mission pour l'annoncer, agir, ni parler en son nom.

La longue solitude avoit affaibli son esprit. Un Dimanche étant entré à la Chapelle pour entendre la messe, il s'empare des ornemens, passe l'Aube, met la Chasuble, & commence la messe. On appelle du secours; le Major vient, veut interrompre le prêtre qui continue: l'Officier s'oppose le Célébrant résiste, & les deux champions se prennent au collet. Cette sçene priva pour toujours le prisonnier d'assister à la messe. Il fut transféré dans la suite au Château de Vincennes où il est mort.

X I V.

Les Mémoires de M. de *Gourville* sont écrits d'un stile à faire douter qu'ils aient jamais été faits véritablement par lui même. On sait combien il existe de prétendus Mémoires, d'Anecdotes historiques &c., du commencement de ce siecle, qui sous l'air de la vérité, ne sont que les rapsodies de quelques Valets de Chambre, écrites pour extorquer de l'argent de quelque Libraire crédule de Hollande. Le nombre de ces especes de produc-

rions

tions eſt incroyable, ainſi que la fortune qu'elles avoient dans le monde il y a trente ou quarante ans. Aujourd'hui l'on commence à en revenir, & ce n'eſt pas certainement ſans raiſon qu'on ſe défie de ces Mémoires annoncés avec tant de préſomption.

Ceux de M. de *Gourville* ſont peut-être dans ce cas, malgré l'eſtime aſſez générale qu'ils ont obtenue. Quoiqu'il en ſoit, voici ce que l'Auteur lui même raconte de ſa détention à la Baſtille.

,, Le Cardinal de Mazarin fatigué des demandes continuelles que lui faiſoit le Prince de Conti, tant pour lui, que pour ceux qui lui étoient attachés, ſe plaignoit fréquemment de ces importunités réitérées. Un de ſes courtiſans, qui ne m'aimoit pas, lui fit entendre que c'étoit moi qui incitoit à cela le Prince de Conti, par le moyen de la Princeſſe ſon épouſe ſur l'esprit de laquelle j'avois beaucoup de pouvoir; & ajouta que ſi Son Eminence me faiſoit mettre quelque temps à la Baſtille, le Prince ceſſeroit ſûrement de l'excéder.''

,, Le Cardinal, qu'une injuſtice n'épouvantoit pas quand il s'agiſſoit de ſon intérêt, prit le parti de me faire arrêter, & donna ordre à M. de la Barilliere, Gouverneur de cette priſon Royale, de ſe ſaiſir de ma perſonne. Il vint effectivement le lendemain, accompagné de quelques gens armés, & ayant trouvé mon laquais à la porte de ma chambre, il lui demanda ſi j'étois chez moi & ce que je faiſois? Le laquais lui répondit que j'étois avec mon maître à danſer. M'ayant trouvé répétant une *Courante*, il me dit, en riant, qu'il falloit remettre la danſe à un autre jour, & qu'il avoit ordre de M. le Cardinal de me mener à la Baſtille.''

,, Il m'y conduiſit dans ſon caroſſe; & comme il n'y avoit alors aucune perſonne de qualité, il me mit dans une chambre au premier étage, laquelle étoit la plus commode de toutes, j'y fus renfermé avec mon valet pendant huit jours ſans voir perſonne que celui qui m'apportoit à manger. Le Gouverneur étant enfin venu me voir, me dit que

M.

M. le Sur-Intendant (*Fouquet*) l'avoit prié de me faire tous les petits plaifirs qui pouroient dépendre de lui, & que je pouvois communiquer avec les autres prifonniers, mais qu'il ne falloit pas qu'aucun de mes amis demandât à me voir. Cela ne laiffa pas que de me faire grand plaifir, m'étant deja ennuyé au delà de tout ce qu'on peut s'imaginer."

„ Peu de tems après ayant fait venir un brochet fort raifonnable, un jour maigre, je priai M. le Gouverneur d'en vouloir bien manger fa part, ce qu'il m'accorda. (1) Nous paffâmes une partie de l'après-dinée à jouer au trictrac, & j'en fus dans la fuite traité avec beaucoup d'amitié."

„ J'avois la liberté d'écrire & de recevoir des lettres autant que je le voulois; & quelque-fois une perfonne de mes amis venoit demander à voir d'autres prifonniers qui étoient proche de ma chambre : ainfi j'avois occafion de pouvoir parler. Mais cela n'empêcha pas que je ne m'ennuyaffe beaucoup, furtout depuis neuf heures du foir que l'on fermoit la porte, jusqu'à huit du matin. Je m'amufai pour paffer le temps à me faire apporter des feves, que je fis mettre par compte égal dans divers papiers. Je me promenois dans ma chambre qui avoit onze pas entre les encognures des fenêtres, & à chaque tour que je faifois, mon valet tiroit une feve du papier & la mettoit fur la table. Comme le nombre étoit fixé, quand j'avois achevé, j'avois fait deux mille pas. Je fis venir des livres, mais en voulant lire, mon esprit paffoit auffi-tôt aux moyens que je pourois trouver pour me tirer de là."

„ Cependant mes amis ne voyoient pas jour à
m'en

______

(1) Si cela n'eft pas un menfonge, il faut avouer que voila un Gouverneur bien complaifant. Quoi permettre à la Baftille l'importation d'un brochet ! . . . . . . Affurément M. *de Launai* n'y laifferoit pas entrer aujourd'hui le plus petit hareng. Ce *la Barilliere* ne favoit pas fon métier.

H 4

m'en retirer: mais y ayant trouvé entre autres prifonniers fix perfonnes raifonnables, je penfai que
fi j'avois les clefs de leurs chambres & de la mienne, je pourois faire cacher mon valet un foir avant
que l'on fermât ma porte; que lui ayant donné la
clef pour l'ouvrir, j'irois faire fortir les autres,
& que nous pourions defcendre dans le foffé par
un endroit que j'avois remarqué, & remonter par
un autre".

,, Pour y parvenir je gagnai celui qui avoit foin
d'ouvrir nos portes, afin de pouvoir en examiner
les clefs, & je pris mes mefures avec de la cire
que j'appliquai fur chacune de ces clefs, & que
j'envoyai enfuite dans une boëte à la Roche-fou-
caut, pour en faire faire de pareilles par un ferru-
rier habile qui y demeuroit. Mais vers le mois de
Septembre, fachant que M. l'abbé *Fouquet* étoit
fort employé par le Cardinal pour faire entrer &
fortir les prifonniers de la Baftille, je tournai mes
vues de ce coté-là."

,, Je fis donc propofer à mes amis de parler à M.
le Sur-Intendant, & de voir avec fon frere fi en
parlant de temps en temps des autres prifonniers
avec le Cardinal, il ne trouveroit pas le moyen de
gliffer un mot en ma faveur. La chofe réuffit fi
bien, qu'à l'occafion d'un voyage que le Cardinal
devoit faire pour quelques jours, l'Abbé *Fouquet*
lui ayant porté la lifte des prifonniers de la Baftille, trois furent rayés, du nombre desquels j'eus le
bonheur d'être.

Un jour, *dit-le même*, dans le temps que jé-
tois détenu dans ce Château, je me promenois dans
la cour avec un Procureur auffi prifonnier, homme goguenard & plaifant, qui avoit encouru la disgrace de M. l'Abbé *Fouquet*. Tout à coup en nous
retournant, nous vîmes un fort beau chien à coté
de nous, & qui paroiffoit n'appartenir à perfonne.
Surpris de cette vue, je demandai comment ce
chien pouvoit fe trouver là? —— *Bon!* dit le Procureur avec un grand fang-froid. *c'eſt un compagnon: je gage qu'il aura mordu dans la rue le chien de
l'Abbé Fouquet.*

X V,

X V.

Un nommé *Odricot* & ſon épouſe, d'une honnête Famille Irlandaiſe, furent mis à la Baſtille en
1701, pour des raiſons que nous ne pouvons dé-
duire, & qu'eux-mêmes peut être n'ont jamais connues. Ils furent, ſelon la coutume, enfermés ſe-
parément. La Dame étoit jeune & jolie; Corbé neveu du Gouverneur, & Giraut Aumonier
du château, tous deux inſignes ſcélérats, mirent
tout en œuvre pour la corrompre. La peur, le
déſeſpoir ou autre cauſe quelconque la fit céder
à leurs pourſuites & bientôt elle en porta des
marques ſenſibles. Ru un des Porte-Clefs lui ſer-
vit de Sage-femme à ſes couches; mais comme
elle ne pouvoit décider en conſcience quel étoit
le pere de ſon enfant, ou l'Abbé, ou Corbé,
ce dernier voulut lui en faire un autre, dont il
pût être certain de ſe dire le pere. Ce miſérable
en étoit devenu amoureux, & ſa qualité de Lieutenant de Roi du Château lui donnant des facili-
tés, il ſut empêcher que l'Aumonier Giraut l'a vît
davantage. Cette femme redevint groſſe en effet
pour la ſeconde fois; alors Corbé trouva le moyen
de la faire ſortir, & la mit en chambre garnie, dans
l'intention d'en faire ſa maitreſſe pour quelques années. Pendant ce temps la guerre avec l'Angleterre
s'étant terminée, Odricot comme Irlandais, profita
du *bénéfice de paix*, & ſortit de la Baſtille. Furieux
d'apprendre la conduite de ſa femme & les ſéduc-
tions de Corbé, il réſolut d'en faire ſes plaintes à
la Cour. Mais l'indigne Lieutenant en ayant été
averti, le fit attendre au coin d'une rue, le fit
horriblement maltraiter, & conduire enſuite à Bi-
cêtre par le moyen d'un ordre ſuppoſé. L'infortuné Odricot y périt au bout de quelques mois: &
le ſcélérat, coupable de tant de crimes, obtint la
croix de Saint Louis, en récompenſe de ſes bons
ſervices à la Baſtille.

H 5   X V I.

X V I.

Nicodeme *Dezimberg*, de Grenoble en Dauphîné, aprés avoir fervi longtemps dans les troupes du Roi, Capitaine dans le régiment de Picardie, fut détaché pour aller au fiege de Namur fait par Louis XIV en perfonne. Sa Compagnie y fut entierement défaite, & lui dangereufement bleffé. Après fa guérifon, il vint folliciter auprès du Miniftre de quoi remettre fur pied fa Compagnie; mais des envieux ayant parlé contre lui, loin de le recompenfer on le caffa. Envain il employa les follicitatious de plufieurs Officiers Généraux qui rendirent témoignage de fa bravoure & de fa probité, il ne put rien obtenir. La raifon fecrete eft qu'il étoit réformé d'origine & qu'il dédaignoit les ridicules cérémonies du Papisme. Réduit au défespoir par cette injuftice, il paffa en Angleterre, où par l'éntremife de quelques perfonnes de confidération, il obtint une audience du Roi Guillaume III. Il fit à ce Monarque une propofition fi terrible contre le Roi de France, que l'idée feule fait frémir d'horreur, & qu'il vaut mieux la laiffer enfévelie dans le filence que de la répéter. L'horrible Conjuration des *poudres* n'eft qu'un diminutif du projet que cet homme avoit conçu. Tant il eft vrai qu'il eft dangereux de pouffer à bout des esprits violens qui refteroient toujours de bons ferviteurs, fi on leur rendoit la juftice qui convient! Mais on doit dire à l'honneur du Roi d'Angleterre que, quoi qu'on lui propofât la vengeance de fon plus grand ennemi, dans un temps où lui-même découvroit tous les jours des confpirations contre fa vie, il eut horreur de cette propofition, & fit retirer ce miférable de devant lui, commandant qu'on l'envoyât pieds & mains liées à Louis XIV, avec une expofition de fon infâme projet.

Dezimbert fe voyant rembarqué pour retourner en France, fut frappé d'une fi grande terreur qu'il perdit entierement le fens & la raifon. Remis en

tre

tre les mains des Ministres, ils crurent qu'il contrefaisoit le fou pour se dérober à la mort; mais on s'apperçut bientôt que son aliénation d'esprit étoit véritable. On se décida à le renfermer pour toujours dans un des cachots de la Bastille. Il étoit si furieux que pendant plus d'un an on n'avoit osé entrer dans le lieu où il étoit, & qu'on fut contraint de faire un trou à la porte par lequel on lui jettoit du pain. Des momens lucides lui revenoient de temps en temps, & par degrés sa raison se retablit. Au bout de 10 ou 12 ans on lui fit espérer qu'il pouroit obtenir son pardon, s'il abjuroit la Réforme pour embrasser la Religion Romaine. L'espoir de la liberté le fit consentir à se laisser instruire; mais ce n'étoit qu'un piége, & son sort n'en devint que plus affreux. On le retira de la Bastille, & on le transfera secretement dans un château-fort situé dans les pyrenées, ou après avoir gémi longtemps sur la perfidie qu'il avoit essuyée des prêtres catholiques, il mourut dans les accès du délire & du désespoir. Deux personnes à qui ce malheureux avoit fait confidence de son projet, ont langui longtems dans diverses prisons.

XVII.

Ce seroit sans doute abuser de la patience du Lecteur que de placer ici l'Histoire récente & bien-connue de M. de *Lalli.* Voici seulement quelques particularités sur sa détention à la Bastille, où il a resté environ trois ans qu'a duré l'instruction de son affaire. Il étoit extrêmement violent par caractere. Un de ses propos favoris étoit qu'il ne connoissoit point de plaisir plus doux que la vengeance, & que c'étoit vraiment le plaisir des Dieux. Il disoit: *le Parlement me jugera suivant toute la rigueur des Loix, mais le Roi me fera grace & commuera ma peine.*

On lui avoit permis d'avoir avec lui un Secrétaire; il le harceloit par ses duretés continuelles.

Un

Un jour ce Secretaire ayant apperçu dans la grande Cour du Château un amas de ſang caillé, provenu d'une ſaignée de malade qu'un valet avoit jetté par inconſidération, il fut ſaiſi d'effroi & ſe crut prêc d'être ſupplicié; la tête lui tourna, il fut transféré à Charenton.

Le Major de la Baſtille eut ordre de conduire le Comte de *Lalli* au Palais pour le dernier interrogatoire. M. le premier Préſident vouloit que cet Officier lui otât le cordon de l'ordre & les marques de ſes dignités: il le refuſa & les huiſſiers le firent. Le Comte de *Lalli* reconduit à la Baſtille, les promenades & les viſites lui furent interdites. Les Officiers ſe relevoient pour lui tenir compagnie. Son arrêt ne fut exécuté que trois ou quatre jours après avoir été prononcé. Pendant ce temps ſes parens ſe promenoient en voiture du coté de la Porte Saint Antoine, & faiſoient devant ſa fenêtre la démonſtration de ſe couper le cou. Tous leurs ſignaux furent inutiles; le priſonnier concentré en lui même, ne jetta point les yeux de ce coté, & laiſſa tout faire au Boureau qu'il eût prévenu certainement. Le Major fut chargé de le ramener à la conciergerie, & de paſſer dans ſa chambre la nuit qui précéda ſon exécution. Il s'y reconcilia avec cet officier qu'il avoit pris en haine. Le Lendemain M. Pasquier Conſeiller au Parlement lui dit: *le Roi eſt plein de bonté, il vous fera ſurement grâce ſi vous déclarez ce que vous ſavez ſur vos deux complices.* M. de *Lalli* entra en fureur, traita M. Pasquier de perfide, lui prodigua les injures les plus fortes & proféra contre lui les plus terribles imprécations. Le Magiſtrat ordonna qu'on lui mît un baillon à la bouche; peu après le Confeſſeur parut & on lui ota le baillon. Il fit ſemblant de ſe recueillir, tira une pointe de compas qu'il s'étoit ménagée, & s'appuya fortement deſſus, voulant ſe détruire. On s'en apperçut & on le déſarma. Il dit, F........ *j'ai manqué mon coup.* Le Chirurgien trouva la bleſſure trés légere, enfin il ſe calma & ſe confeſſa. Au moment de ſon exécution le Comte *Lalli* paroiſſant diſpoſé à haranguer le

peu-

peuple, on lui remit le baillon, & on ne le lui ôta qu'au moment où il fut décolé.

Sa famille avoit fait le relevé de toutes les circonstances de l'exécution du Duc de Biron; elle en follicita inutilement la répétition; mais ce qu'on a remarqué avec quelque peine, c'est que fes parens furent moins emprelfés encore à fauver la perfonne du coupable qu'à recouvrer les fommes immenfes qu'il avoit fait palfer en Angleterre.

XVIII.

Jusques à préfent on a pu appercevoir les caufes apparentes ou réelles de la détention de ceux dont nous venons de parler: en voici un qui y a été mis pour des *chanfons*.

Charles Farci foldat aux Gardes, fils d'un maître Couvreur de Paris, pouvoit espérer un état plus agréable, puisque fon pere avoit donné 40 mille livres comptant de dot à fa fille, fœur unique du foldat aux gardes, en la mariant à un Courier du Cabinet. Le libertinage éloigna longtemps *Farci* de la maifon paternelle, & le conduifit enfin à la relfource ordinaire des débauchés, c'est-à-dire à s'enrôler. Après plufieurs campagnes il prit parti dans le régiment des Gardes. La veuve d'un marchand épicier jeune & jolie, chez qui il alloit fouvent boire de l'eau de vie, le trouva fi fort à fon gré qu'elle lui acheta fon congé, le fit recevoir maître & l'époufa. Mais l'amour qu'elle lui témoignoit ne le retira pas du libertinage; il continua à fréquenter fes anciens camarades, & pour derniere fotife il s'enrola de nouveau dans la même Compagnie d'où fa femme l'avoit tiré à force d'argent. Cependant à force de promelfes d'être plus fage à l'avenir, il obtint de fa femme de le degager une feconde fois, & l'affaire étoit fur le point d'être conclue, lorfqu'un matin au plus fort de l'hyver, etant couché auprès de fa femme, dès la pointe du jour, il entendit frapper à fa porte. Croyant
que

que c'étoit des ouvriers qui vouloient boire de l'eau de vie, il se leva tout en chemise pour leur ouvrir; mais quelle fut sa surprise lorsqu'il se sentit empoigner par six archers vigoureux qui lui fermerent la bouche d'un mouchoir pour l'empêcher de crier, l'enleverent comme une plume, le placerent dans un carosse & l'enmenerent, nud comme il étoit, à la Bastille, où on le relégua dans un cachot, en compagnie avec un prisonnier fou, qui y étoit depuis longues années.

Quoique l'on fût au plus fort de l'hyver, il ne put obtenir d'habits: les officiers lui dirent que son compagnon s'en passoit bien: en effet il étoit comme quand on vient au monde. On lui donna pourtant deux bottes de paille, & une mauvaise serpilliere pour couverture; il y resta trois ans sans autres meubles ni vêtemens. Ayant alors tout le loisir d'examiner en lui même ce qui lui attiroit cette méchante affaire; il crut d'abord que c'étoit le frere de sa femme qui Echevin de Paris, & orgueilleux comme un Marguillier de paroisse, étoit très courroucé contre sa sœur de ce qu'elle avoit épousé un soldat aux Gardes. Il crut ensuite que peut-être c'étoit sa femme elle-même qui lui jouoit ce tour pour se venger de sa mauvaise conduite, & qui le pouvoit d'autant mieux qu'il avoit remarqué qu'elle étoit liée avec des gens de loi du plus haut étage. Enfin il en decouvrit la véritable raison à la suite d'une réprimande ironique que lui fit M. d'Argenson Lieutenant de Police, en lui demandant s'il s'aviseroit encore de chanter des chansons contre les personnes de qualité? il se ressouvint qu'étant un jour allé monter la garde à Versailles, il se trouva à boire dans un Cabaret avec d'autres soldats & qu'ils pousserent loin la débauche. Il se rappella que dans la chaleur de l'ivresse, il chanta à son tour une chanson grivoise où Madame de Maintenon, alors dans sa plus grande faveur, n'étoit pas épargnée. Un laquais de cette Dame buvoit dans une chambre à coté: scandalisé d'entendre chansonner sa Maitresse, il vint s'informer du nom de l'impudent, & huit jours après *Farci* fut arrêté. On

auroit

auroit peine à croire un trait de vengance auſſi cruel de la part d'une femme qui affichoit tant de douceur, s'il n'étoit pas auſſi bien conſtaté.

X I X.

L'aventure d'un nommé *Philibert de la Salle* eſt aſſez ſinguliere pour trouver place ici. C'étoit un jeune garçon de 18 ans qui s'étoit mis domeſtique depuis quelques jours chez un certain M. *le Fort* lequel vivoit en chambre garnie avec une Anglaiſe fort jolie qu'il avoit enlevée. Un ſoir vers les neuf heures un Exempt de Police vint arrêter *le Fort* & ſa demoiſelle de la part du Roi. Le Caroſſe étoit à la porte pour les conduire à la Baſtille, & comme ils ne firent mine d'aucune violence, la choſe ſe paſſa avec autant de douceur & de politeſſe que s'il eut été queſtion d'une viſite en ville. *Philibert* qui ne ſavoit de quoi il s'agiſſoit, monta derriere la voiture en qualité de laquais. Lorsque le caroſſe fut entré dans la Cour de la Baſtille, il descendit & vint à l'ordinaire ouvrir la portiere pour aider Madame à descendre. Qui es - tu donc toi? lui dit l'Exempt qui ne l'avoit pas encore vu; je ſuis, répondit - il, le laquais de Monſieur ——— ah! ah! eh bien tu reſteras ici. En effet il n'en fallut pas d'avantage pour le faire entrer dans cet antre redoutable, où après l'avoir gardé quelques années, ſans qu'il fût même de quoi on accuſoit ſon maitre, M. d'Argenſon le vendit au Roi pour en faire un Dragon. Ce pauvre homme étoit inconſolable, & l'eſprit manqua lui tourner en reconnoiſſant la bétiſe qu'il avoit faite d'aller où on ne le demandoit pas.

X X.

L'Abbé *Rollet* étant au College d'Harcourt, précepteur des enfans de M. de *Ranci* fermier général,

ral , conduisoit un après-midi ses éleves, selon sa
coutume , au jardin du Luxembourg. Il y trouva
un prêtre qui revenoit d'Hollande, nommé *Sorel*.
Ce prêtre l'ayant abordé, & fait une espece de connoissance avec lui , tira de sa poche quelques bro-
chures défendues qu'il avoit apportées d'Hollande,
& lui proposa de les acheter. Le lendemain ce même *Sorel* lui alla faire visite au College d'Harcourt
& lui en vendit encore quelques autres. Il profita
de l'occasion pour recommander à ce précepteur
un valet qu'il avoit & dont il vouloit se défaire , le
priant de lui faire avoir, par M. de *Ranci*, un petit emploi dans les gabelles: ce que l'abbé lui
promit galamment. Mais quelques jours après So-el,
prêtre aussi emporté que libertin , eut querelle avec
son valet, le battit, le chassa , & fut prier l'abbé
Rollet de ne se plus mêler de ce coquin-là. Le valet irrité , & qui savoit tous les secrets de son maître, alla le dénoncer, à la police comme distributeur de mauvais livres , & surtout de livres imprimés en Hollande. Le Lieutenant de Police M. d'Argenson envoya trois de ses gens chez le prêtre pour
le saisir ; mais *Sorel* qui en eut vent avoit pris la
fuite, & on ne le trouva plus. Le valet insinua à M.
d'Argenson que le moyen de trouver le prêtre étoit
d'arrêter l'abbé *Rollet* à qui il en avoit vendu une
grande quantité. Alléché par l'espoir d'une bonne
capture , le Lieutenant de Police fit investir le
College d'Harcourt par un grand nombre d'huis-
siers, records, sergens, & s'y rendit lui même
en personne pour faire la visite. On ne trouva rien,
l'abbé les avoit revendus & n'en avoit plus un seul.
Cependant l'accusation étant formelle : M. d'Argenson mit de sa propre autorité l'abbé Rollet en
dépôt chez un Exempt, jusqu'à ce qu'on eût découvert *Sorel* que l'on attrapa au bout d'un mois, &
qui avoua tout sans se faire beaucoup prier. C'en fut
assez pour faire enfermer l'abbé Rollet à la Bastille
où il eut le temps de languir & de maudire son im-
prudente curiosité. A force d'y songer il trouva
moyen de tromper d'une maniere bien ingénieuse la
vigilance des gens de la Bastille. Il sut par hazard

que

que les pains entiers que les priſonniers rendoient
aux Porte-Clefs quand ils n'avoient pas faim, tour-
noient au profit de ces derniers, & qu'ordinairement ils les revendoient aux ſoldats de la garniſon
du Châ eau. L'abbé Rollet fit adroitement une ouverture à un pain entier, écrivit un petit billet à
Madame de *Ranci* qui avoit une grande amitié pour
lui, & le foura à tout hazard dans ce pain, bou-
chant le trou ſi adroittement que l'ouverture étoit
imperceptible. Son bonheur voulut que ce pain
fût vendu à un ſoldat qui en le coupant y trouva le
billet, & le porta à ſon adreſſe, s'attendant à une
bonne récompenſe. Cette heureuſe idée eut ſon effet. Madame de *Ranci*, auſſi bienfaiſante que ſpi-
rituelle & jolie, intrigua tant qu'elle obtint la liberté de l'abbé *Rollet* qui depuis n'eut plus envie
d'acheter de livres venant d'Hollande. Quant au
prêtre *Sorel*, c'étoit un miſérable qui méritoit ſon
ſort. Etant curé en campagne, il avoit abandonné
ſa paroiſſe pour s'enfuir en Angleterre avec une
fille qui le quitta à Londres. Il paſſa quelque temps
en Hollande, vivant aux dépens des Ambaſſadeurs
étrangers ; enfin il eut l'effronterie de revenir à
Paris, où ſon commerce clandeſtin de livres pro-
hibés le conduiſit à la Baſtille pour le reſte de ſes
jours. Il y devint fou ; ſa démence conſiſtoit à ſe
croire ſans ceſſe à la veille d'être pendu. Il ſe jettoit à genoux, demandoit la bénédiction aux Porte-Clefs, & leur faiſoit entonner le *Salve*. Au
bout de pluſieurs années il devint tellement furieux
qu'il fallut le ſéqueſtrer totalement & même l'enchainer. Il y périt de miſere dans un cachot, autant de faim que de maladie. Il étoit originaire de
Leri, près du Pont-de-l'arche en Normandie, &
fils d'un fermier qui eut beaucoup mieux fait d'en
faire un bon laboureur qu'un mauvais prêtre.

X X I.

Pierre de la Porte, d'abord Porte-manteau de la
Reine Anne d'Autriche femme de Louis X I I I.

I

puis

puis Maître d'hôtel & premier Valet de Chambre de Louis XIV, fut renfermé à la Bastille par le Cardinal de Richelieu, & n'en sortit qu'après avoir beaucoup souffert. Il s'étoit attaché inviolablement à la Reine & fut le seul ministre des intrigues & des correspondances qu'elle entretenoit secrétement en Angleterre & en Espagne alors ennemies de la France. Il connoissoit parfaitement combien le métier qu'il faisoit pouvoit devenir dangereux pour lui, mais son attachement pour la Reine le fit passer par dessus toute considération particuliere; il ne sortit de la Bastille que lorsque Louis XIII se fut reconcilié avec la Reine & qu'elle fut devenue enceinte. De là il fut envoyé en exil à Saumur où il resta jusqu'en 1643, temps auquel le Roi étant mort, la Reine le rappella à la Cour, lui fit quelque bien, & le disgracia ensuite sans le moindre fondement, excitée par le Cardinal Mazarin. Si jamais personne éprouva la vérité de cet axiome *qu'il n'y a qu'ingratitude à attendre des grands*, c'est assurément M. de la Porte; il avoit risqué sa fortune & sa vie pour les intérêts de la Reine: & au moment où il devoit naturellement espérer des graces & des récompenses, il se vit obligé de vendre sa charge & de se retirer.

Le Cardinal de Richelieu qui se connoissoit en hommes & qui savoit parfaitement distinguer ceux dont les lumieres & le courage étoient capables de vaincre certaines difficultés, eut grande envie d'attacher M. de la Porte à son service; il étoit bien sûr qu'il étoit le ministre affidé de la Reine, il fit tous ses efforts pour le gagner; il chercha à l'épouvanter, & à le convaincre; enfin n'ayant pu lui rien faire avouer, il ne put s'empêcher d'admirer la constance & la fermeté de ce serviteur fidele; & l'on voit par ce qui est rapporté dans les Mémoires du temps qu'il ne croyoit pas en avoir un seul de cette trempe.

Le récit de M. de la Porte lui-même est trop intéressant pour ne pas trouver place ici.

,, Après bien des soupçons sur les intelligences de la Reine en Espagne, & sur la part que j'y
avois,

avois, le Roi eut enfin quelques avis plus certains qui causerent ma disgrace & ma prison".

„ S. M. qui étoit à Saint Germain manda à la Reine qui étoit à Paris depuis quelques jours, de se rendre à Chantilli. Elle partit sur le champ, en m'ordonnant de rester à Paris jusqu'à l'arrivée de quelques Lettres qu'elle attendoit, & m'en donna une pour M. de la Thibaudiere qui devoit la porter à Madame de Chevreuse à Tours".

„ Après le départ de la Reine je trouvai la Thibaudiere dans la Cour du Louvre, à qui je voulus remettre la lettre que j'avois en poche: mais il me pria de la garder jusqu'au lendemain; ce qui m'a fait soupçonner depuis qu'il avoit eu vent que je serois arrêté ce jour-là".

„ En sortant de la Cour du Louvre, j'allai voir M. de Guitaut Capitaine aux gardes, où je restai jusques à six heures du soir. En m'en allant je vis un Carosse à deux chevaux, dont le cocher étoit habillé de gris, arrêté au tournant de la rue des vieux Augustins, & de la rue Coquilliere; & comme je passois entre le coin de la rue & le carosse, un homme que je ne pus voir parce qu'il me prit par derriere, me mettant les mains sur les yeux, me poussa vers le Carosse, & en même temps je me sentis enlevé par plusieurs mains qui après rabattirent les portieres, en sorte que je ne pus voir qui m'arrêtoit, ni où l'on me menoit. Enfin le carosse s'arrêta & je reconnus la Bastille, ainsi que celui qui m'y conduisoit, lequel étoit *Goular* Lieutenant des mousquetaires, accompagné d'une douzaine de satellites".

„ A la descente du Carosse on me fouilla, & l'on trouva cette lettre de la Reine que la Thibaudiere n'avoit pas voulu recevoir: on me demanda de qui elle étoit; je dis à *Goular* qu'il connoissoit bien le cachet des armes de la Reine, & que c'étoit pour Madame de Chevreuse. (à qui la Reine ne faisoit aucun mystere d'écrire.) On me fit ensuite passer le pont & entrer dans le Corps de garde, entre deux hayes de soldats de la garnison qui avoient la meche allumée & se tenoient sous les

I 2

armes,

armes, comme fi j'euſſe été un criminel de Leze-
Majefté".

„ Je fus une demie heure dans ce corps de garde, pendant qu'on me préparoit un cachot, qui fut
celui d'un nommé *Du Bois* qui en avoit été tiré depuis peu pour aller au ſupplice, parce qu'il avoit
trompé le Cardinal, à qui il avoit promis de faire
de l'or. Arrivé au cachot, on me déshabilla pour
me fouiller une ſeconde fois ; enſuite on apporta
un lit de ſangle pour moi, & une paillaſſe pour un
ſoldat qu'on enferma auſſi dans le même lieu, une
terrine pour nos néceſſités naturelles, & l'on ferma
ſur nous les portes ".

„ Pendant ce temps le Cardinal qui vouloit faire
bien du bruit pour peu de choſe, envoya au plus
vîte un détachement de Cavalerie vers Orléans,
pour en impoſer à tout le monde, comme s'il eut
s'agi d'une grande conſpiration contre l'Etat. Cette demarche fit peur à Madame de Chevreuſe qui
ſe retira en Espagne, ſans ſonger combien cette
fuite faiſoit tort à la Reine".

„ Je ſubis pluſieurs interrogatoires où je tins ferme, reſolu de ne jamais compromettre la Reine
quelque choſe qui en pût arriver. Le Cardinal voyant qu'on ne pouvoit rien me faire avouer, prit
le parti de m'interroger lui-même. Dabord il me
dit qu'il n'y avoit plus lieu pour moi de nier une
choſe dont il étoit bien inſtruit, puisque la Reine
l'avoit avouée au Roi & à lui, mais qu'il vouloit
avoir auſſi mon aveu. Sur ma réponſe que je dirois
tout ce que je ſavois, il m'interrogea ſur toutes les
correspondances de la Reine : je niai tout fermement ; il ſe mit en colere, me menaça, ſe radou-
cit, promit de faire ma fortune, enfin n'épargna
rien pour me faire parler, mais n'aboutiſſant à rien
de ce qu'il avoit en vue, il me renvoya dans mon
cachot".

„ Au bout de ſix ſemaines je fus tiré du cachot
& mis dans une chambre ordinaire. J'appris par les
ſoins de Mademoiſelle de Haute-fort que le Roi &
la Reine s'étoient reconciliés, & même que Leurs
Majeſtés revenues à Paris avoient couché enſemble.

ble. Comme c'eft de cette fois-là que la Reine
devint groffe de Louis XIV, on pouvoit l'appeller
le fils de mon filence, auffi bien que des prieres de
la Reine & des vœux de toute la France".

,, On m'accorda enfuite la liberté de la promenade fur les tours, & la converfation avec quelques
prifonniers. Ce petit bien-être raccommoda un
peu ma fanté".

,, Enfin arriva le jour de ma fortie de la Baftille
où je demeurai neuf mois, jour pour jour, comme dans le fein de ma mere, avec cette difference
qu'elle ne fut point incommodée de cette groffes-
fe dont j'eus feul toutes les douleurs. La Reine
étant à mi-terme & ayant fenti remuer fon enfant,
elle demanda ma liberté & l'obtint, à condition
que j'irois en exil à Saumur, & que je n'en forti-
rois point fans un ordre du Roi".

,, Le 12 mai de l'an 1638 M. le Gras Secrétaire
des commandemens de la Reine, avec un Commis
de M. de Chavigni, vint me faire figner la pro-
meffe que je faifois au Roi d'aller à Saumur à cette condition; je fignai, & le lendemain je fortis de
la Baftille".

,, Ainfi le premier coup de pied du Roi me fit
ouvrir toutes les portes de ce Chateau-Royal, &
m'envoya à plus de quatre vingt lieues au de là.
Je reftai huit jours à Paris pour mes affaires; avant
de partir pour Saumur M. le Cardinal me fit demander fi je voulois me donner à lui, me promet-
tant plus que je ne pouvois efpérer; mais je ne
jugeai pas à propos d'accepter fes offres. Je me
rendis donc à mon exil où je ne m'établis pas d'a-
bord pour un long féjour: car on m'avoit toujours
fait efpérer que je retournerois à la Cour auffitôt
que la Reine feroit accouchée; mais les affaires
changerent de face, & la Reine eut affez de peine
à fe conferver elle-même contre fes ennemis qui
n'étoient pas moins puiffans qu'avant fa groffeffe".

,, Enfin le Cardinal étant mort, & le Roi auffi
quelque temps après, je revins auprès de la Reine".

XXII.

Le Sieur *de Bure* Libraire de Paris, diftingué dans fa profeffion, a été mis dernierement à la Bastille pour un fujet qui paroitra bien mince.

Le Souverain (*Mém. de M. Ling.*) juge à propos d'introduire dans la Librairie une police nouvelle ; une loi ordonne que certains livres feront *Eftampillés*, c'eft-à-dire marqués d'un certain figne qui devoit leur donner de certains droits. Jusques là tout alloit bien, au moins pour ceux à qui *l'eftampillage* devoit valoir beaucoup d'argent.

Mais un ordre particulier enjoint au Sieur *de Bure* d'appliquer lui-même *l'eftampille*, de fe rendre le miniftre manuel, l'exécuteur de cette opération: il y voit la ruine infaillible de plufieurs familles de la Communauté dont il eft le chef: il croit fa confcience intéreffée, ainfi que fon honneur, à s'excufer: il offre fa démiffion, afin que l'emploi qui lui répugne paffe fans bruit dans des mains plus dociles. On ne reçoit point fa démiffion; on lui répete deux fois, trois fois, l'ordre fatal. *Eftampillez, ou bien.* . . . . . . Il perfifte à fe défendre: on accomplit l'alternative, on le met à la Baftille, & voila un Criminel d'état.

XXIII.

En 1766 Un Profeffeur de Rhétorique du College de . . . . . . nommé M. L. . . . . . . t, parlant un jour avec indignation de la barbare imbécillité des juges d'Abbeville qui venoient de condamner le jeune Chevalier de la Barre au fupplice le plus terrible pour une peccadille qui méritoit tout au plus une légere reprimande, & enveloppant dans la chaleur de fon discours les quinze Confeillers du Parlement de Paris qui eurent la lâcheté atroce de confirmer la fentence des ânes d'Abbeville, fut écouté par un miférable duquel il ne fe défioit pas.

Cet

Cet homme vil étoit le parafite ordinaire de l'Evêque de . . . . . . Il fe fit un plaifir malin de rapporter au Prélat les paroles du Profeffeur, les en-
venima encore, & anima tellement le facré *Bishop*,
en lui faifant entendre que la Sainte-Eglife elle-
même étoit compromife, qu'il lui perfuada d'employer fon crédit pour châtier un peu l'indiscret
Orateur. En effet à force d'intrigues, & de femmes perdues qui s'en mêlerent, on extorqua une
Lettre de cachet, & un beau jour on vint s'emparer de M. L. . . . . . t qui ne s'attendoit à rien
moins qu'à cette diftinction miniftérielle. On le
conduifit à la Baftille où pendant dix-huit mois de
retraite, il eut le temps de concevoir que quand
un Tribunal fouverain fait une fotife, un particulier, qui n'a pour lui que le bon fens, a très grand
tort d'en relever l'injuftice, furtout quand l'affaire
touche un peu la horde ecclefiaftique. Ce fut à un
Miniftre auffi humain qu'éclairé que M. L. . . . . t
dut fa liberté; le Clergé s'y oppofoit; & les juges
ignares, couverts d'opprobre & de confufion, au-
roient volontiers donné la moitié de leur fortune
pour enfévelir à jamais ce vigoureux témoin de leur
turpitude.

X X I V.

Le dépôt de la Baftille contient plufieurs malles
de papiers de feu M. le Duc de Vendome qui con-
cernent fon hiftoire & celle des guerres d'Espagne
d'Italie & de Flandres Ces papiers furent faifis fur
fon fils naturel qui étoit fon légataire, lequel étant
foupçonné d'avoir compofé la Brochure intitulee
Les trois Maries fut renfermé d'abord à la Baftille
& transféré dans la fuite à Vincennes où il eft mort.
Ces papiers font dans un lieu humide, ils ne tar-
deront pas à être pouris ou rongés des vers, s'ils
ne le font deja, & la poftérité fera privée de ces
matériaux précieux & uniques en leur genre. Louis-

Louis-Joseph Duc de Vendome, de Mercœur, d'Etampes & de Penthievre, Général des Galeres, grand Sénéchal & Gouverneur de Provence, né le 30 Juillet 1654, fut Vice-Roi & Généralissime des armées de Catalogne & d'Espagne depuis 1685, jusqu'au commencement de ce siecle. En 1702 il passa au commandement des armées d'Italie où il battit le Prince Eugêne & les Impériaux; en 1707 il fit la campagne de Flandres; trois ans après il retourna en Espagne où il mourut à Vinaros le 11 Juin 1712. Cet homme celebre par ses exploits militaires, qui avoit le Roi Henri IV pour Bisayeul, ne laissa d'autre postérité qu'un fils naturel qui mourut à Vincennes, après une longue prison, pour une misérable Brochure que peut-être il n'avoit pas faite; les prétendues preuves qu'on en a n'étant rien moins qu'évidentés.

Dans un des Numéros du *Courier de l'Europe* de cette année, on trouve l'annonce d'un Livre ayant pour titre : *Réfutation des Mémoires de M. Linguet.* L'Auteur, quel-qu'il soit, semble vouloir dire que M. *Linguet* n'a pas été fidele dans le tableau qu'il a donné du Régime de la Bastille. Ce livre n'ayant pas encore paru, nous ne pouvons juger sur quels fondemens l'écrivain de cette nouvelle production s'appuie pour prouver que M. Linguet a dit trop, ou trop peu. —— Seroit-ce par hazard une Apologie de la Bastille, ainsi que le titre semble l'insinuer? Cela seroit vraiment curieux. Ce seroit une piece à mettre à coté de l'Apologie de la Saint-Barthélemi qu'un fanatique ignorant a osé faire il y a quelques années.

Si ce n'est qu'une satire contre M. Linguet, l'auteur nous paroit fort peu généreux de l'attaquer sur ses Mémoires. M. Linguet a d'autres cotés qui prêtent assez facilement à la critique; mais relativement à sa détention, il n'est personne parmi les honnêtes gens qui n'ait été indigné de cet affront

fait

fait à la justice, à l'humanité: & si l'on peut reprocher quelque chose à ses Mémoires sur la Bastille, c'est d'être trop peu vigoureux, de ne pas révéler d'une maniere plus forte, plus énergique le crime de ceux qui le persécuterent, & surtout de n'avoir pas assez approfondi l'histoire & le régime de cet odieux Château la honte du gouvernement français.

Soutenir que la Bastille est une chose utile & indispensable en France, seroit l'acte d'un vil esclave du despotisme: & l'instigateur d'une pareille assertion seroit digne de la haine & du mépris de toutes les ames honnêtes.

LETTRE à l'Auteur des REMARQUES HISTORIQUES SUR LA BASTILLE.

Londres ce 1. Juillet 1783.

M . . . .

Tout le monde achette les Mémoires de M. Linguet sur la *Bastille*, & bien des personnes en desirent d'autres. L'accueil que fait, comme par instinct, tout homme que l'habitude du joug n'a point abruti, à une description dont le Lecteur le plus indulgent ne peut se dissimuler les défectuosités, est un gage de celui qui attend votre ouvrage.

Je ne doute pas, M., que les Anecdotes que votre zele vous a fait rassembler pour battre en bréche ces magasins du crime, ces *Oreilles* modernes de l'ancien Tyran de Syracuse, ne fassent gémir tous vos Lecteurs sur le fort de tant d'hommes immolés à de sombres jalousies, à de secrettes vengeances, & même souvent aux caprices de ces *Lo-*

I 5

custes

custes pestiférés qui, sous le nom d'Exempts de Police, aiment mieux faire périr mille honnêtes citoyens que de retourner les mains vuides, & punissent sans remords l'innocent de leur propre mal-adresse.

Mais, M., dans une matiere comme celle ci, il ne suffit pas d'exciter la commisération pour les victimes & l'indignation contre les boureaux; il faut encore dévoiler toute la perfidie qui sert de bâse aux manœuvres des nouveaux *Rhadamantes*; il faut les suivre pas à pas dans les cavernes obscures de cette prison, théatre de leur scéleratesse: il faut exciter contre ces lieux d'horreur & d'opprobre le cri de l'humanité entiere.

Qu'il est facile à un homme en place de surprendre la crédulité de celui qui attend de lui quelque faveur; & qu'il lui est aisé de le rendre dupe de sa propre confiance! Plus celui-là met d'art à feindre qu'il respecte les droits de l'humanité, plus la confiance de l'autre est tranquille, & plus la perfidie du premier est à couvert.

Je vais, Monsieur, vous faire part de quelques traits récens dont peut être, dans votre retraite littéraire, vous n'aurez pas été parfaitement instruit. Il est bon que la génération présente & future ait quelque idée de la maniere de procéder de certaines gens. Lisez & jugez.

I.

Un Ministre de la marine, renommé pour sa ladrerie, mais réveillé tout à coup de la stupeur de la lésine par la crainte de perdre sa place, songe à un certain d'*Anouille*, un de ces piliers d'antichambre propres à toutes mains. ,, Ces diables ,, d'Anglais me désolent, lui dit-il, ils savent tout ,, ce que nous faisons ici. Quelqu'un de mes ,, coquins de commis a des intelligences dans
,, les

„ les Bureaux de Londres.   Tenez, voila une
„ lettre de 5600 louis, allez - vous - en flairer
„ dans *Cleveland - Row*, & mettez - moi fur la
„ voie."
Le famélique d'*Anouille* tout extafié, fe tâte dabord lui même: puis fe voyant fpiritualifé par la
vertu des paroles miniftérielles, il faifit le *papier
talismanique* & part; ne doutant pas qu'un Eveillé
de Verfailles n'ait bientôt fait jafer quelques butors
d'Anglais; malheureufement il trouve au gite un
renard: fes fineffes font bientôt découfues; la crainte des *Meffagers d'Etat* diffippent fes illufions; &
atteint de frayeurs plus que paniques, il regagne
au plus vîte le Quai de la ferraille.
   „ Quoi, mauvais ferviteur, lui dit le Miniftre
„ en le revoyant, tu ne me rapportes ici ni de
„ quoi faire pendre quelqu'un, ni l'argent que je
„ t'ai donné! Qu'on le faififfe, & qu'on le jette
„ dans les ténébres extérieures." Auffitôt fait que
dit. D'*Anouille* y eft, & y reftera encore longtemps.

I I.

Depuis quelque temps la médifance & la calom-
nie exerçoient leur rage contre une Reine jeune &
belle, à qui l'éclat de fon rang, & peut-être la franchife de fon caractere, ne laiffoient pas appercevoir que le trône lui-même, environné de l'amour
& de l'eftime du peuple, n'eft pas à l'abri des traits
de la malignité.
Sur l'exiftence de quelques écrits circulans dans
le monde méchant, *Jacquet* eft nommé pour aller
à la découverte; il achete & rapporte des éditions
entieres. Les fuppots de la Police, jaloux de fes
fuccès, l'accufent d'être lui-même le libellifte & le
diftributeur. (Le pauvre Diable fait à peine figner
                                                fon

ſon nom.) Il eſt arrêté & précipité dans le *Puits Royal.*

He bien, M., c'eſt le Captureur de ce malheureux, c'eſt ce même Familier de l'inquiſition Gallicanne, c'eſt ce même B..... nommé *Receveur*, qui eſt venu à Londres ce mois de Mars dernier pour y établir un bureau d'espionage. Jugez de la justeſſe de ſes combinaiſons & des ſuccès qu'il en devoit attendre, par les coopérateurs qu'il s'aſſocioit.

Il y a dix ou douze ans qu'un fugitif de France, ne ſachant de quel bois faire fleche, après avoir épuiſé la reſſource d'un libelle qu'il avoit intitulé *Le Gazettier cuiraſſé*, imagina de mettre à contribution la Belle *Ange* qui règnoit alors en France. Pour jouer à coup plus ſûr il avoit introduit dans les *Mémoires ſecrets d'une femme pub....* un perſonnage qui n'enduroit pas auſſi gaiment le *Populus me ſibilat.* On envoya *Receveur* pour attirer le Libelliſte dans un piége quelconque, & l'enmener à Paris; mais le mal-adroit manqua ſon coup, & fut trop heureux d'échapper à la fureur de la populace qui vouloit le mettre en pieces; il lui en prit une ſi vive peur que ſon cerveau ſe dérangea, & qu'il a fallu lui adminiſtrer quelque temps le régime pour les foux.

Quant à l'Ecrivain, il s'en tira ſelon ſes vues; un autre négociateur non moins vil arriva, & conclud pour avoir ſon griffonage un marché de 1500 guinées comptant avec 200 autres de penſion viagere.

Revenu à Londres au mois de mars dernier, le Chevalier *Receveur* (car ce miſérable eſt décoré d'une croix bien indignement prophanée) crut pouvoir profiter de l'esprit de coalition qui avoit gagné toutes les têtes ſur les bords de la Tamiſe; il s'adreſſe à celui-même qu'il avoit voulu enlever il y a dix ans: ,, Donnons-nous la main, lui dit ,, il; il y a ici des coquins de griffonneurs que ,, votre exemple alléche, tendons nos toiles en ,, ſemble, & que toutes ces mouches qui nous fa ,, tiguent viennent s'y prendre''.

Je

Je le veux bien, repond l'homme aux cuiraffes, mais en attendant la Croix de Saint Louis, je vous préviens que je vais être arrêté pour 60 guinées que je dois à un marchand tapiffier. ———— ,, A cela ne ,, tienne, dit l'autre, allons-nous-en chez mon ,, Banquier, nous prendrons fur ma lettre de Cré- ,, dit de quoi faire taire cet importun. Mais avant ,, tout, découvrez-moi qui eft l'auteur de cette po- ,, liffonnerie des *Petits foupers de l'hotel de Bouil-* ,, *lon.* Ce coquin a écrit deux fois à Paris, j'ai ,, fes lettres, il faudroit fe procurer de l'écriture ,, de tout ce qu'il y a ici de Français fuspects, afin ,, de confronter".

Le premier auquel on s'arrêta fut un nommé *Mauriçon* qui, après avoir joué des farces dans quel-ques bureaux de Paris, eft venu inviter les gens de Londres à des Soliloques en guife d'Opéra Bouffon à une demi-guinée par tête.

Le Gazettier Cuiraffé ne fachant comment s'y prendre pour avoir de fon écriture, dit à un certain *la Fite* de dire à un certain *Fombert* qu'il y avoit 5 guinées à gagner pour celui qui rapporteroit répon-fe à une lettre qu'on lui donneroit pour *Mauri-çon.*

Fombert va conter le cas à un certain *Dupuis,* qui fe met en tête de gagner les 5 guinées, & fabrique fans fcrupule l'écriture defirée.

Le vieux *Goudar* fatellite de *Receveur,* foupçonne la fraude, & rencontrant par hazard un jour au Parc-St. james le célébre *Philidor* ami de Mauriçon, il lui propofe l'affaire, perfuadé que ce moyen fera plus fûr. ———— *Volontiers,* dit le Muficien, je vais *chercher Mauriçon, il écrira-fous ma dictée.* —— Eh non! reprend *Goudar,* il ne faut pas que Mau-riçon fache de quoi il s'agit. ———— Laiffez-moi fai-re, dit *Philidor* en fe moquant de lui, je vais vous l'amener.

Pendant ces Altercas, on diftribuoit & on affi-choit dans les rues de Londres un Billet d'allarme, pour rendre le peuple attentif fur les deffeins de

Re-

Receveur. (I) Comme dans ce billet on parloit de trois Ouvrages, dont deux n'étoient pas encore imprimés, *La Fite* imagina de jouer notre homme de police, & de le mettre à contribution. En conséquence il feint de connoitre l'auteur des libelles, suppose avec lui des entrevues à la campagne & propose un marché à conclure pour l'acquisition des manuscrits & des figures. Cela donna lieu à une négociation où M. de Monstier Ministre de France fut compromis, & qui a pensé couvrir de ridicule l'administration elle même.

Enfin le temps s'étant écoulé vainement, M. le Comte d'Adhemar arrivé à Londres a fait venir *Receveur.* ,, As-tu trouvé ce que tu cherchois, lui a demandé l'Ambassadeur ? —— non Monseigneur. *Eh bien, cela étant, décampe, & qu'après demain tu ne sois plus à Londres*".

Voila

(I) Voici la substance de ce Billet d'allarme.

Tocsin contre des Espions Français, & avis aux étrangers qui n'aimeroient pas d'aller pourir à la Bastille.

Les Braves & Généreux Brétons sont avertis qu'il y a ici deux espions de la Police de Paris, logés dans la Cité, & quelques uns de leurs satellites dans les environs de Saint-James ; lesquels font le guet, jour & nuit, munis de baillons, de menottes & de poignards, dans le dessein d'enlever & transporter en France les auteurs & éditeurs des trois ouvrages suivans :

> *Les Passe-temps d'Antoinette, avec figures.*
> *Les Amours & aventures du Visir Vergen * * *.*
> *Les petits soupers de l'hotel de Bouillon.*

Les deux premiers ne sont point encore imprimés. Le dernier l'a été à *Bouillon* & est actuellement en vente dans *Saint Jamesstreet* &c. &c. &c.

Le Chef de ces Espions est un certain *Receveur* portant Croix de Saint Louis, qui a paru ici il y a dix ans chargé d'une semblable commission, & contre lequel les papiers publics ont publié, dans le temps, des avis.

Voila du moins un homme de qualité qui sent ce qu'il doit à son rang, à sa dignité, & à la nation chez laquelle il a fait naître l'estime & la plus haute considération pour lui.

Mais qu'est venu faire ce *Receveur ?* Comment la Police parisienne, qui passe pour si déliée, a-t'elle pu employer un lourdaut de cette espece qui n'a pas même les premiers élémens de son infame métier ? Son objet étoit d'étouffer des écrits scandaleux qui intéressent, dit-on, des personnes augustes, & il divulgue son secret à des gens qui en prennent plaisamment occasion de le jouer. Quel dommage que le peuple de Londres n'ait pas fait justice de cet excrément décoré! ah! puisse-t'il y revenir une troisieme fois! Sa figure aujourd'hui bien connue le décélera, & il ne s'en tirera pas à si bon marché.

ô Monarque des Lys! ô vous l'idole des François & si digne de l'être, ô Louis XVI objet de l'amour de vos peuples, & de l'estime des nations étrangeres! Que la main de votre justice saisisse le monstre des délations qui infeste les avenues de votre trône auguste! Qu'elle l'écrase contre la pierre d'infamie, & que chacun en passant mette le pied sur ce reptile pestilenciel! alors, vos sujets seront tous ce qu'ils doivent être.

Je suis, Monsieur, Votre &c. &c. &c.

P. S. Depuis le départ de *Receveur*, il a paru dans la gazette de Leide du 13 Juin dernier, l'article suivant : *De Paris.* ,, Un de nos pre- ,, miers & plus intelligens Inspecteurs de poli- ,, ce, est parti d'ici il y a quelque temps avec ,, trois Exempts. On les dit chargés d'une Com- ,, mission fort délicate au delà des mers; ce qui ,, est

„ eſt certain, c'eſt que leur voyage ſera de quatre
„ mois au moins".

Si cet article regarde la belle expédition de *Re-*
ceveur à Londres, on peut prendre quelque idée
de la ſublime intelligence du faquin qui nous a honoré de ſa courte viſite. C'eſt bien de lui qu'on
peut dire:

Rare & ſublime effort d'une imaginative
Qui ne cede en vigueur à perſonne qui vive.

F I N.

www.ingramcontent.com/pod-product-compliance
Lightning Source LLC
LaVergne TN
LVHW050827200726
843507LV00001B/213